92687

監修者——木村靖二／岸本美緒／小松久男／佐藤次高

［カバー表写真］
バベルの塔（エテメンアンキ，図内左）と
ネブカドネザル（図内右の人物）の姿を描く石碑
（スコーエン・コレクション）

［カバー裏写真］
バビロンのネブカドネザル玉座の間のタイル装飾復元
（ベルリン，ペルガモン博物館）

［扉写真］
バビロンを世界の中心として描いたバビロニアの世界地図
（前6世紀，大英博物館蔵）

世界史リブレット人3

ネブカドネザル2世

バビロンの再建者

Yamada Shigeo
山田重郎

目次

ネブカドネザル二世の伝説と史実

ネブカドネザルを名乗るバビロニア王としてはまず、イシン第二王朝の英主ネブカドネザル(一世、在位前一一二六〜前一一〇四)が知られており(三五頁参照)、本書の主人公であるネブカドネザルは、この人物につぐ同名の王として、二世とされる。ネブカドネザル二世(在位前六〇五〜前五六二)は、ハンムラビ法典の編纂(へんさん)で知られるバビロニア王ハンムラビ▲と並び、古代メソポタミアの歴史上の人物として、おそらく現在もっとも広く知られているであろう。一般に新バビロニア王国と呼ばれるネブカドネザル二世の王国は、前六二六年から前五三九年まで、首都バビロンを基点にメソポタミア、シリアとその周辺の広域を支配した。

※**バビロニア暦**　前一千年紀のバビロニア暦の一年は、現在のユリウス暦の二年にまたがり、春(三・四月)に始まり翌年の春に終わるが、本書では、メソポタミア暦の一年を原則としてユリウス暦の一年で示すこととする。したがって、古代バビロニアを扱う文脈で「前六二六年」と本書で表示する場合は、実際にはユリウス暦の前六二六年の三・四月から前六二五年三・四月までの一年間を意味している。ただし十分なデータがあり年表示の曖昧さを回避できる場合は、ユリウス暦による正確な年月日を示すこともある。また、メソポタミアでは王が即位した年を即位年(治世第〇年)とし、治世第一年は翌年から数えられるが、本書では王の在位年をユリウス暦で表示する場合は、原則として、実際に王位にあった時間を尊重して即位年から数えることにする。

▼**ハンムラビ**(在位前一七九二〜前一七五〇頃〈中年代説〉)　バビロン第一王朝第六代目の王。バビロニアの広域を統一支配し、「ハンムラビ法典」を作成させた。

ネブカドネザル二世はこの王国の初代王ナボポラサル(在位前六二六〜前六〇五)の長子であり、王国の第二代目の王にあたる。その四三年におよぶ長い治世は、八七年間続いた新バビロニア王国の最盛期であり、『ヘブライ語聖書(旧約聖書)』▲や西洋古典の叙述者たちの伝える「バベルの塔」や「バビロンの吊り庭」といった伝説(八頁、八七頁参照)に始まり、今日の芸術や文学にいたるまで、「驚嘆すべき栄華」と「非難されるべき傲慢・退廃とその結果としての滅び」というアンビバレントな表象となった大都市バビロンが繁栄を享受した時代であった。

十九世紀から今日までの考古学的調査と楔形(くさびがた)文字文書▲研究の著しい進展(後述)の結果、古代メソポタミア世界において数多くの顕著な歴史的業績を残した人物が知られるようになった。しかし、ネブカドネザル二世の名は、考古学的調査が進展をみる前から、「聖書」や西洋古典の歴史記述をつうじて西欧において古くから知られていた。十九世紀以降バビロンとその周辺の遺跡が調査され、大量の出土遺物と楔形文字文書が研究されて、ネブカドネザル二世とその時代について多くの事実が明らかになってきた今日でも、なお王の名が原語

▶**『ヘブライ語聖書』** 古代イスラエル(ヘブライ)人の歴史と宗教文化に関わる複数の書物の集成で、キリスト教徒は『新約聖書』と対比して『旧約聖書』と呼ぶが、ユダヤ人は「ミクラ(ヘブライ語で「朗誦する書」の意)」あるいは、「タナハ(聖典の三部分であるトーラー〈律法〉、ネヴィイーム〈預言書〉、ケトゥヴィーム〈諸書〉の頭文字からなる略称)」と呼ぶ。本文のほとんどがヘブライ語(わずかな部分はアラム語)で書かれているので、ここでは中立の立場から『ヘブライ語聖書』とした。以下、本書では単に「聖書」と表記する。

▶**楔形文字文書** 楔形文字は、粘土板に葦でつくられたペンを押し付けることでできる、楔形の押痕を組み合わせて書かれる文字。複数の楔形文字書字システムが知られており、それらによって、古代メソポタミア、シリア、アナトリアとその周辺で、シュメル語、アッカド語、エラム語、ヒッタイト語、ウガリト語、古代ペルシア語などさまざまな言語が記された。

古代西アジア

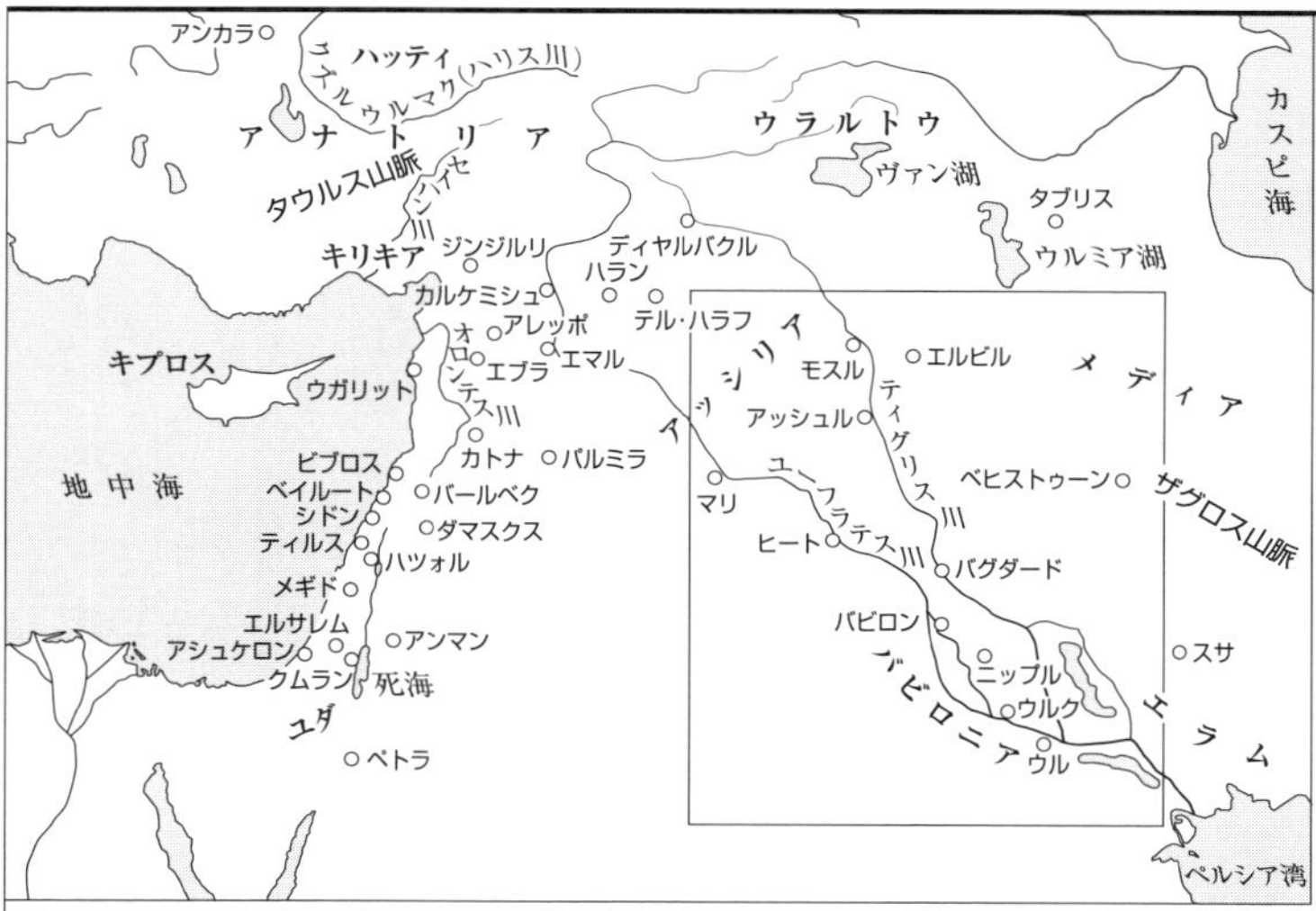
アンカラ
ハッティ
ユーフラテス川
クズルウルマク(ハリス川)
アナトリア
タウルス山脈
ジェイハン川
キリキア
ジンジルリ
カルケミシュ
アレッポ
オロンテス川
エブラ
エマル
キプロス
ウガリット
カトナ
パルミラ
ビブロス
ベイルート
シドン
ティルス
バールベク
ダマスクス
ハツォル
メギド
エルサレム
アシュケロン
クムラン
アンマン
死海
ユダ
ペトラ
地中海
ウラルトゥ
ヴァン湖
タブリス
ウルミア湖
カスピ海
ディヤルバクル
ハラン
テル・ハラフ
アッシリア
モスル
エルビル
メディア
アッシュル
ティグリス川
ユーフラテス川
マリ
ヒート
ベヒストゥーン
ザグロス山脈
バグダード
バビロン
ニップル
ウルク
ウル
バビロニア
スサ
エラム
ペルシア湾

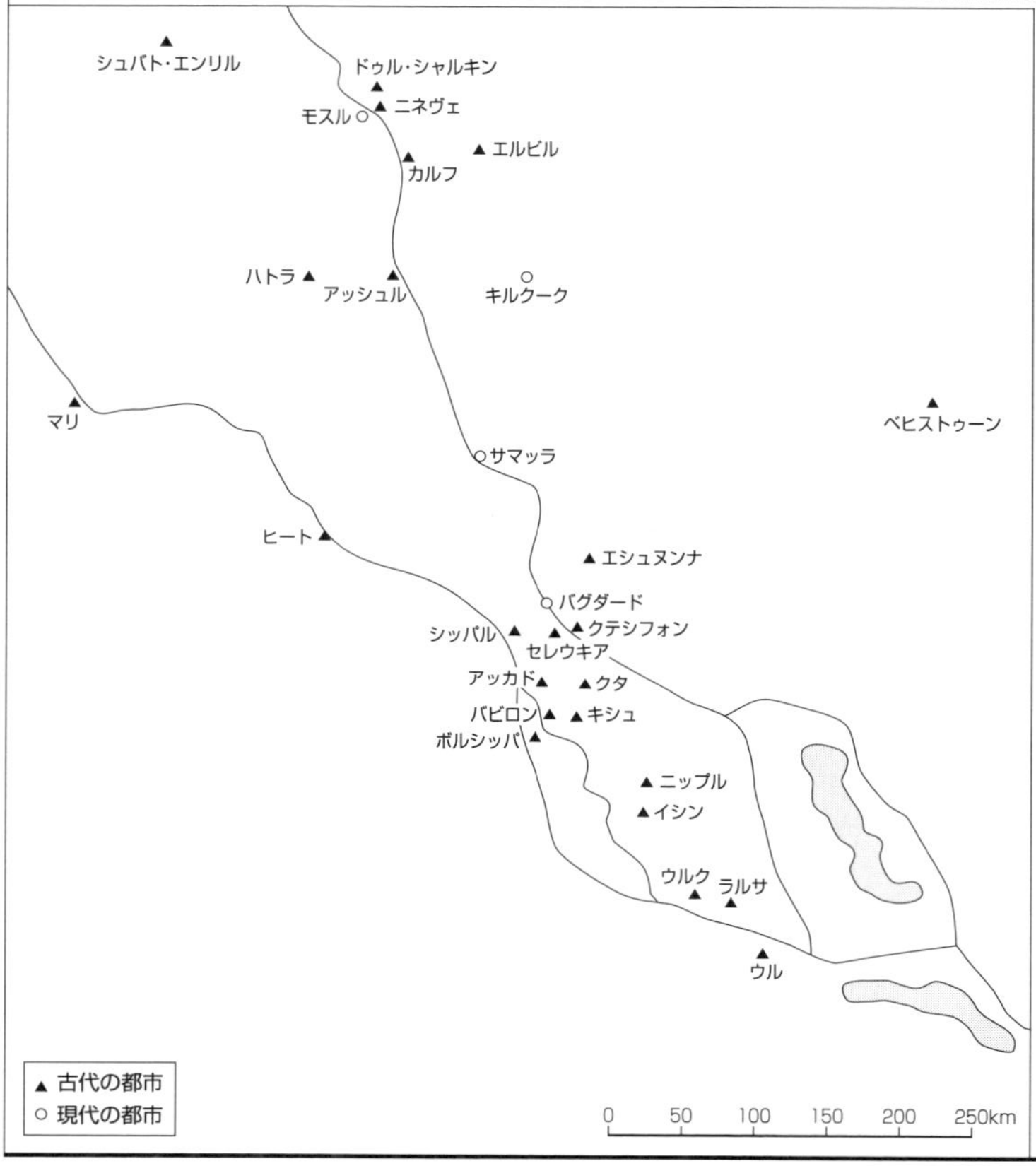
シュバト・エンリル
ドゥル・シャルキン
ニネヴェ
モスル
エルビル
カルフ
ハトラ
アッシュル
キルクーク
マリ
ベヒストゥーン
サマッラ
ヒート
エシュヌンナ
バグダード
シッパル
クテシフォン
セレウキア
アッカド
クタ
バビロン
キシュ
ボルシッパ
ニップル
イシン
ウルク
ラルサ
ウル
▲ 古代の都市
○ 現代の都市
0 50 100 150 200 250km

であるアッカド語のナブー・クドゥリ・ウツル(「ナブー神よ、わが世継ぎを守りたまえ」の意)ではなく、「聖書」に伝わる「ネブカドネツァル(あるいはネブカドレツァル)」と各国語で呼ばれているのは、西欧・キリスト教世界の慣習を背景としている。日本語の出版物でもっとも流布している「ネブカドネザル」という音訳も、「聖書」ヘブライ語名の欧米語訳(Nebukadnezar〈独〉、Nebuchadnezzar〈英〉)に由来する。

ネブカドネザルの治世に関する史資料は、多岐にわたる。メソポタミアとその周辺からはネブカドネザルの王碑文、行政経済文書、法文書、書簡、歴代記、王名表といった粘土板、粘土製円筒・角柱、レンガ、石製記念碑などに楔形文字アッカド語▲で記された同時代史料ならびに歴史文書が多数発見されている。そのほかにエジプト出土のアラム語書簡(アドン・パピルス)、パレスチナ出土のヘブライ語書簡(ラキシ・オストラカ)といった同時代史料、「列王記」(〈下〉二四〜二五章)、「歴代誌」(〈下〉三六章)、「エレミヤ書」などの「聖書」の歴史書と預言書、さらには、ヘブライ語・アラム語・ギリシア語・アラビア語で書かれた種々の歴史記述と諸伝説が、ネブカドネザルとその時代についての「歴

▼**アッカド語**　前三千年紀から後一世紀までメソポタミアで使用されたセム系言語。メソポタミアの南北で大きくバビロニア方言とアッシリア方言に分かれる。前二千年紀半ばには、西アジア世界で国際外交公用語として広く用いられた。

史」と「伝説」を記している。

「聖書」は、ユダ王国▲の首都エルサレムを破壊し、その住民をバビロニアにつれ去ったネブカドネザルを、バビロニアにつれ去られたユダ王国の住民とその末裔（ユダヤ人）の視点から描いている。「聖書」の記事には、同時代に書かれた公的編年体王国史に起源をもつと思われる信憑性の高い記事もあれば、事実とはかけ離れた伝説までさまざまな記事が含まれている。ネブカドネザルは、神ヤハウェに対してイスラエル（ユダヤ）民族が犯した不実の罪に対する神罰を現世において実行してユダ王国を滅ぼす「神の僕」として、あるいは、ユダ王国の首都エルサレムとユダヤ民族の神ヤハウェの重要性をかえりみず、神に警告される権力者として描かれる。

また、ヘブライ語・ギリシア語・アラビア語などで後代に記された、ネブカドネザルやバビロンに関する叙述はしばしば伝説的内容をもつ物語であり、ネブカドネザルの実像を探るための史料としては限定的な価値しかもちえない。しかし、今日まで流布してきたネブカドネザルのイメージは、主としてこのような「聖書」と古典古代以来のユダヤ的・教訓文学的あるいは「オリエンタリ

▼ユダ王国　イスラエル一二部族のなかのユダ族を中心とする人々によって建てられた王国。ダビデとソロモンが統治したイスラエル統一王国がソロモンの死後（前九二六年頃）に、北のイスラエル王国と南のユダ王国に分裂して生じた。北のイスラエル王国は前八世紀末にアッシリア帝国の攻撃を受けて滅んだが、ユダ王国はアッシリアの属国となることでなお存続した。ユダ王国は前五八六年に新バビロニアの攻撃により滅亡したが、その住民の末裔はその滅亡後も民族の記憶と宗教的伝統を維持し、それを継承する人々がユダヤ人となった。

ズム」▲的傾向性をもった著作のなかでかたちづくられた表象によっている。W・ブレイクの絵画「ネブカドネザル」やG・ヴェルディのオペラ「ナブッコ」▲のような近現代の芸術、はては今日のデジタル・ゲームのキャラクターなどにも取りこまれる「怪しく、不思議な」力の象徴としてのネブカドネザルのイメージの強力さには感心させられる。

ここでは、よく知られる伝説として「聖書」から「ダニエル書」と「創世記」にみられるネブカドネザルとバビロンをめぐる記事を取り上げ、現代まで流布してきた伝説的表象としてのネブカドネザルとバビロンのイメージの原点にふれておきたい。

前二世紀前半頃に書かれたとされる特異な黙示文書「ダニエル書」は、時の権力者ネブカドネザルも至高の神の前には無力な小さな存在であることを物語る複数の物語を含んでいる。そうした物語群のなかでも、「ダニエル書」四章は、現代にいたるまで多くの芸術家のイマジネーションに訴えかけてきた。「ダニエル書」は、次のように物語る。

バビロニア王ネブカドネザルは、不思議な夢をみた。大地の真ん中に大きな

▼「オリエンタリズム」　近現代ヨーロッパ世界の視点から、異国としての東洋世界をあこがれと恐怖が混在する不思議の世界とみなす傾向性。パレスチナ出身でアメリカ国籍の著述家エドワード・サイード(一九三五～二〇〇三)の著書『オリエンタリズム』によって、このように定義され、その概念は広く普及した。

W・ブレイクの絵画「ネブカドネザル」(一七九五年頃、テート・ギャラリー蔵)

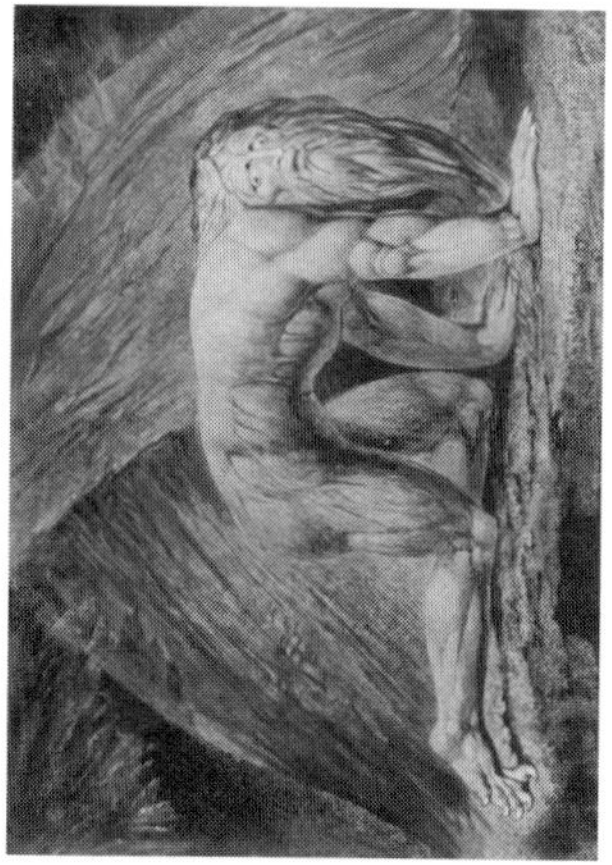

木がはえ、天まで届くほど成長し、葉は美しく茂り、果実が豊かに実り、その木陰には野の獣が宿り、その枝には空の鳥が巣をつくっていた。しかし天使がくだってきて大声で呼ばわり、木を切り倒し、切り株と根を地中に残して鎖をかけ、それが露に濡れ、獣とともに野の草を食らい、「七つのとき」を過ごすようになることを定める。そして、人間の王国を支配するのは至高の神であり、神はその意のままに誰にでも権力を与えることができると人々に知らしめるため、こうするのであると告げる。バビロンのユダヤ人賢者ダニエルは、王の依頼によってこの夢の意味を解き、切り倒された木はネブカドネザルであり、そうした試練を経験するが、神こそが真の支配者であることを悟り、罪を悔いて施しをおこない、悪を改めて貧しい人に与えれば、王国は彼の手に返されて引き続き繁栄するであろうと予言する。

その後、ネブカドネザルがバビロンの王宮の屋上を散歩しながら、偉大な都市バビロンを建てた自らの権勢を自賛していると、王国はネブカドネザルから離れ、ネブカドネザルは人間社会から追放されて、牛のように草を食らい、その体は天の露に濡れ、その毛はわしの羽のように、爪は鳥の爪のようにはえ伸

▼**「ナブッコ」**　G・ヴェルディが作曲したオペラ(一八四二年、ミラノで初演)。原題は「ナブコドノゾル」で、一八四四年以降「ナブッコ」と短縮された題目で呼ばれる。ネブカドネザル二世によるエルサレムの陥落、バビロン捕囚、ネブカドネザルの失脚と復活を、錯綜する恋愛物語を交えて描く。

▼**「死海文書」**　一九四七〜五六年に死海の西岸に分布する洞窟群から発見された一連の古文書の総称。羊皮紙、パピルス、金属板などにヘブライ語・アラム語・ギリシア語で書かれた八〇〇種以上の文書からなる。『ヘブライ語聖書』写本ならびに「偽典」「外典」の写本、聖書注解書、死海沿岸に居住して活動したユダヤ系宗教集団に関連する種々の宗教文書(前三世紀〜後一世紀に由来)を含み、聖書学・ユダヤ学の最重要史料に数えられる。

P・ブリューゲルの油彩画「バベルの塔」(一五六三年、ウィーン芸術史博物館蔵)

びた。やがて、ときが来て、ネブカドネザルが理性を取り戻し、真摯に神を賛美して自らの驕(おご)りをいましめると、彼は王国に復帰し、その威光はまし、栄光は回復されたという。

「死海文書」▲に含まれるアラム語文書断片に、新バビロニア王国最後の王ナボニドスが長期の病に侵され、ユダヤ人識者のとりなしで最高神に祈るというストーリー(「ナボニドスの祈り」)が発見されたことから、「ダニエル書」(四章)の説話の背後には、異色の経歴を歩んだナボニドス(九三頁参照)を主人公とする伝承があり、それが「ダニエル書」においてはネブカドネザルの物語に改変されたのではないかと考えられてきた。

直接ネブカドネザルに言及しないものの、バビロンにまつわる「聖書」中の物語のなかで、おそらく「ダニエル書」(四章)以上によく知られているのは、「創世記」(一一章)の「バベルの塔」の物語であろう。天地創造、「洪水伝説」▲、洪水を生き残ったノアの子孫たちに由来する西アジアの諸民族の系譜に続いて語られるこの物語は、世界中が同じ言葉を話していた昔に、東方から移動してシンアルの地(バビロニア)に平野をみつけて住みついた人々が、自らの名をあげようと焼成レンガを建築材に天まで届く塔のある町を建てようとした事件の顛末を語る。結局、神は人々によるこの大いなる企てを好まず、くだってきて人々の言葉を混乱させたため、人々はたがいの言葉がわからなくなり、各地に散らされ、町の建設は中断したという。そして神が言葉を「混乱(ヘブライ語でバラル〈bālal〉)」させたことから、この町の名はバベル(Bāvel、ギリシア語ではバビロン)になったとして、都市の名の由来を説明する。

この物語がいつ成立したかは明確でないものの、バベルの塔はネブカドネザル時代に壮麗に築かれた都市バビロンにあって、主神マルドゥクの神殿エサギル(「頂を高く掲げる家」の意)でひときわ高く聳(そび)えていたエテメンアンキ(シュメル語で「天地の礎の家」)と呼ばれるジックラト▲を暗示していることは疑いの余地がない。ネブカドネザル二世によってユダ王国のエルサレムからバビロニアに捕囚としてつれていかれ、帝都バビロンのマルドゥク神殿の壮麗さと盛大な祭礼を目のあたりにしながら、ユダヤ民族の神ヤハウェに忠実を貫こうとした人々やその子孫たちが、バビロンの宗教世界に対していだいていた複雑な感情が、物語に反映されている。

▼**「洪水伝説」**　ヘブライ語の洪水伝説では、地上に人の悪が蔓延するのを見た神が大洪水を起こして地上から人間をぬぐい去ろうと計画するが、義人であるノアとその家族には箱舟をつくって洪水をやり過ごし、生きながらえるように指導する。箱舟に乗って生き残ったノアの子孫は、西アジア世界の諸民族の祖先となったという。この「聖書」の「洪水伝説」は、メソポタミアの粘土板文書に伝わる類似した洪水物語をヘブライ思想の視点から改訂して生まれたものと考えられる。

▼**ジックラト**　アッカド語で都市の主神殿に属する高い基壇をもつ高層建築物を指す語。

「聖書」や西洋古典が伝えるネブカドネザル二世とバビロンに関する伝説の諸相とその現代にいたるまでの影響は、それ自体、たいへん興味深い問題だが、ここからは伝説から距離をおき、ネブカドネザル二世とその時代の歴史的実像を描くことに一義的な目的を設定する。十九世紀以降のバビロンとその周辺での楔形文字文書を含む多くの考古学的史料の発見とその研究は、ネブカドネザル二世とバビロンの実像について、よりバランスのとれた理解を可能にしている。以下では、ネブカドネザル二世の治世に先立つバビロニアの歴史を簡潔に解説したあと、同時代史料のデータを重視しながら、ネブカドネザル二世とその時代のバビロニアについてみていきたい。

①—古代メソポタミア文明とバビロン

メソポタミアの都市文明

現在のトルコ東部に発し、シリアとイラクを流れペルシア湾にそそぐ二つの大河ティグリスとユーフラテスの運ぶ土壌の堆積によって形成された沖積平野は、「メソポタミア」(ギリシア語で「両河のあいだ」の意)の名で呼ばれてきた。この両河の下流域は、人類史上最古の都市文明であるメソポタミア文明の揺籃(ようらん)の地であった。前三二〇〇年頃のウルク期末期(第Ⅳ期)には、高度な灌漑農業や広域におよぶ物流を経済的基盤として、史上初とされる都市ウルク(現ワルカ)がメソポタミア南部に形成された。都市では、神殿を代表とする大規模建築物が建設され、さまざまな職業や階層の多くの人々が集住し、王や祭司を頂点とする官僚制度を備えた社会がいとなまれた。

都市支配者の大規模な経営体が管理する穀物・家畜・飲料(ビール)・織物・土地・人材の収集と分配を記録・伝達するために、人類最古の文字システムが考案された。のちの楔形(くさびがた)文字の祖型である線文字を粘土板に記すこの最古の文字システムを駆使し、大規模な行政組織と複雑な社会を維持する都市文明の生活様式は、その後しだいに周辺地域へも普及し、前三千年紀の後半にはメソポタミア・シリアの各地に次々と都市が形成されていく。一方、都市の周辺には羊や山羊の放牧を生業とする遊牧・半遊牧社会が、都市社会と連携しながら発達していった。

　メソポタミアの最古の都市文明の担い手は、シュメル人▲とアッカド人▲であり、前三千年紀後半には、有力な複数の都市王権を政治的に統合し、メソポタミアの広域を統治するアッカド王朝(前二十四世紀後半～前二十二世紀中頃)やウル第三王朝(前二一一二～前二〇〇四年)のような領域国家があらわれた。こうした時代のメソポタミアの中心都市は、キシュ、ウルク、ウル、ラガシュ、ニップル、アッカド、マリなどであり、ネブカドネザル二世の首都となるバビロンは、前三千年紀末には都市として知られていたものの、まだメソポタミアの中心都市としては台頭していなかった。

▼シュメル人　前四千年紀末からメソポタミア南部で人類最古の文字システムをともなう都市文明をいとなんだシュメル語を話す人々。シュメル語は言語系統不明の膠着語で、前三千年紀末には話し言葉としては死語になったが、メソポタミアにおいては基礎的な文化言語として書記サークルで教育され、書き言葉として使用され続けた。

▼アッカド人　主として南メソポタミアの北部(「シュメルの地」の北、アッカド市の周辺に広がる「アッカドの地」)に居住して、シュメル人と交流しつつ古代メソポタミア都市文明の担い手となった人々。セム系言語の一つであるアッカド語を話し、アッカド王朝期からは、シュメル語の文字システムを借用してアッカド語の文書を書く書字システムを普及させた。

バビロン第一王朝

ウル第三王朝滅亡後、前二千年紀の初めにメソポタミア各地でアムル系▲の人々の王朝が次々と建設される。その一つが、バビロンを拠点とするバビロン第一王朝(前一八九五〜前一五九五年〈中年代説〉)である。バビロン第一王朝六代目の王ハンムラビが、エシュヌンナ、ラルサ、マリなどのライバル国を制圧してメソポタミアの広域に覇権を確立したことをきっかけに、バビロンは政治的にも文化的にもメソポタミア世界の中心になっていった。

バビロンはギリシア語の名称に由来する呼称であり、古代メソポタミアの現地語アッカド語ではバビル(Bābilu)と呼ばれ、これは「聖書」のバベル(Bāvel)、現在のアラビア語の現地名バビル(Bābil)にあたる。古代都市バビロンは大河ユーフラテス沿いに位置し、河川と運河の水を利用した農業生産地域にあり、イランからイラクをへてシリア、トルコへいたる交易路が通過する地点に位置していた。ハンムラビ時代、首都バビロン、すなわち原語のアッカド語「バビル」は、「バーブ・イリ(*bāb-ilī*、神々の門)」と解釈された。これによってバビロンは、しだいにメソポタミアの神々が集まる神学的中心として位置づけられ、

▼アムル系　シリア砂漠の北部のステップ地域を故地として、メソポタミア各地に移住した西セム系言語アムル語を話す人々がアムル系諸部族である。前二千年紀初めから、メソポタミアの諸都市を掌握して支配的勢力として台頭した。「聖書」の「アモリ人」にあたる。

バビロンの主神マルドゥクは、メソポタミアの神々のなかで重要な神とみなされるようになっていった。

古バビロニア王国とも呼ばれるバビロン第一王朝は、ハンムラビの死後に版図の一部を失い、前十六世紀末にはアナトリアから来襲したヒッタイト王国▲の攻撃を受けて滅んだが、その後もバビロンを首都とするバビロニア王国は、カッシート王朝(前十六～前十二世紀)、イシン第二王朝(前一一五八～一〇二六年)、「海の国」第二王朝(前一〇二六～前一〇〇五年)など、さまざまな王朝に引き継がれた。その間、バビロニアをめぐる政治情勢は時とともに複雑に変化したが、新バビロニア時代にいたるまでの一〇〇〇年以上にわたり、バビロンはつねにメソポタミアにおいて最重要の政治的・宗教的・文化的中心の一つであり続けた。バビロニア王国は、わずかな例外的な期間を除いて、南メソポタミアの有力な領土国家として維持された。

▼ヒッタイト王国　前二千年紀に中央アナトリアのハットゥシャ(現ボガズキョイ)を首都に、アナトリアとシリア北部に大きな勢力をもった王国。前十六世紀のヒッタイト王ムルシリ一世は、長駆バビロンまで遠征してこれを攻撃し、バビロン第一王朝を滅亡させた。その後、前十四～前十三世紀には、フリ系国家ミッタニを退けて北シリアに覇権を確立した。

バビロン第一王朝以降のバビロニア

バビロン第一王朝滅亡後の不透明な一時期をへて、前十四世紀以降のメソポタミアの政治史は、北のアッシリア王国と南のバビロニア王国を中心に、それを取り巻く部族や小王国を周辺的なアクターとして展開した。

アッシリアは、ティグリス川中流域の都市アッシュルを中心とする国家であり、前二千年紀前半(古アッシリア時代)は——北方のハブル川三角地帯のシュバト・エンリル(現テル・レイラン)を首都に、アッシュルを含む北メソポタミアの広域に覇権を確立したサムシ・アッドゥの治世を例外として——アッシュル市とその後背地に限定された地域を領土とし、アナトリア・シリア・メソポタミアをつなぐ遠距離交易を主産業とする商業国家であった。しかし、前二千年紀後半の中アッシリア時代、とくに前十四世紀後半にそれまで北メソポタミアの覇権国家であったフリ系ミッタニの支配から独立すると、アッシリアの諸王は各地に軍事征服を繰り返すようになった。東はザグロスの西麓から西はユーフラテスの大湾曲部にいたる領土に政治的影響力を行使し、アナトリアとシリアに覇権を確立していたヒッタイト王国と対峙するような広大な版図をもつ領土国家に成長した。これによって、アッシリアの南の国境はバビロニア王国(カッシート王朝)と接し、二つの王国は対立と和睦を繰り返し、バビロニアは

▼アッシュル　アッシリア王国の古都。ティグリス川中流域、西岸に位置する現カラト・シャルカト(イラク北部モスル市の南約一一〇キロ)。一九〇三〜一四年にドイツのW・アンドレが組織的な発掘調査をおこなった。

▼サムシ・アッドゥ(シャムシ・アダド一世、在位前一八一三〜前一七八一)アムル系の君主として、シリア北東部ハブル川三角地帯に位置するシュバト・エンリルを拠点に北メソポタミアに広域支配を確立し、ティグリス川中流域のアッシュルやユーフラテス川中流域のマリの王権をも掌握した。

▼ミッタニ　前二千年紀半ばにメソポタミア北部に興ったフリ系国家。前十五〜前十四世紀には、ハブル川上流三角地帯のワシュカンニ(現テル・フェヘリエ)を首都に西はシリア北部、東はティグリス川の東側まで広域を支配した。従来「ミタンニ」とされてきたが、「Maitani/Mit(t)an(n)i」といったさまざまな綴りが認められる。本書では、近年の慣例に従い「ミッタニ」とする。

しばしば北方のアッシリアと東方のエラム王国▲の軍事進出の脅威にさらされた。

前十二世紀以降には、西方からのアラム系諸部族の侵入と飢饉によって、アッシリアの固有領土は大きくそこなわれた。バビロニアもまたアッシリア同様にこれらの事象から大きな影響をこうむったとみられる。前十世紀の後半以降、アッシリアはかつての領土をしだいに回復し、さらなる広域支配をめざして周辺各地に対して野心的な軍事遠征を繰り返すようになった。このころから南のバビロニアと北のアッシリアとのあいだには国境をめぐる戦争と協定が繰り返されたことが「アッシリア・バビロニア関係史▲」に記されている。こうしたバビロニアとアッシリアの政治的均衡は、ほぼ一世紀続いたが、前九世紀の終わりごろから、アッシリアの勢力がさらに強まった。その一方、バビロニア王国の内政は不安定で、南部と東部に定着したアラム系諸部族の軍事行動を十分に抑制する力をもたなかった。

前十二世紀以降のバビロニアの歴史を理解するうえで重要な点は、その複雑な住民構成である。土着のバビロニア都市住民に加え、カルデア人とアラム人の諸部族が、バビロニアの有力な勢力として台頭してきたことが、アッシリア

▼**エラム王国**　イラン高原のスーサを中心として前三千年紀からメソポタミア世界の東に隣接し、メソポタミアにしばしば侵攻した。線文字と楔形文字によって主として粘土板に書かれたエラム語（言語系統不明）の文書を残した。

▼**「アッシリア・バビロニア関係史」**　前十五世紀から前八世紀におけるアッシリアとバビロニアの国境をめぐる戦争と協定、ならびにそれに付随する政治的事件を記したアッカド語による歴史文書。アッシリアの立場から書かれた傾向的著作であり、複数の粘土板写本が知られている。

の王碑文や書簡史料にみてとれる。カルデア人は、ビート・アムカニ、ビート・ダクリ、ビート・ヤキンなど比較的大きな少数の部族集団からなり、バビロニア南部に集中して定住した。一方、アラム系の人々は、約四〇もの小さな部族集団に分かれて集落をつくり、ティグリス川周辺から東部のエラム王国との国境地域にかけて定着した。そして、バビロニア王国の首都バビロンの主権をめぐって、これらの諸勢力に加え、東方のエラム王国と北方のアッシリア王国も野心をもってバビロニアに侵入することで政治的闘争が生じ、バビロニアの政情はしばしば不安定な状況におかれていた。

「アッシュルのくびき」の下で

前八世紀の後半からは、アッシリアの遠征がその伝統的固有領土の境界をこえ、遠方の軍事目標に対して繰り返し企(くわだ)てられた。西方における遠征はユーフラテス川をこえて地中海に達し、シリア・パレスチナの小王国が次々と征服され、アッシリアの行政州として併合された。征服地では強制的な住民の入れ替えがおこなわれ、東はザグロスから西はアナトリア東部・地中海岸・エジプト国境にいたる広域に、異なる言語と文化をもつ多様な民族集団を内包する新アッシリア帝国が形成された。

南メソポタミアの主要国家として、前十三世紀以降アッシリアのライバルであったバビロニアの王権も、前八世紀の終わりから前七世紀の初めまで、直接・間接にアッシリアの政治的支配下におかれた。しかし、多数の伝統ある都市、アラム諸部族・カルデア諸部族という多様な政治勢力がモザイク状にひしめく南メソポタミアにあり、メソポタミアの宗教文化の中心として圧倒的求心力をもつバビロンは、アッシリアからの独立の機運を維持し、周辺の諸勢力がその王権の掌握をめざす動きがしばしば起こった。そのため、バビロンの安定支配は、アッシリア帝国にとって、つねに容易ならざる課題であった。

バビロニアの諸勢力とエラム王国との複雑な戦いに巻き込まれたアッシリア王センナケリブ(在位前七〇五〜前六八一)は、バビロニア支配を維持するために、前六八九年、ついに意のままにならないバビロンを徹底的に破壊し、マルドゥクの神像を略奪した。前六八一年に、センナケリブが内乱で暗殺されたのち、後継者のエサルハドン(在位前六八一〜前六六九)はマルドゥクの神像を帰

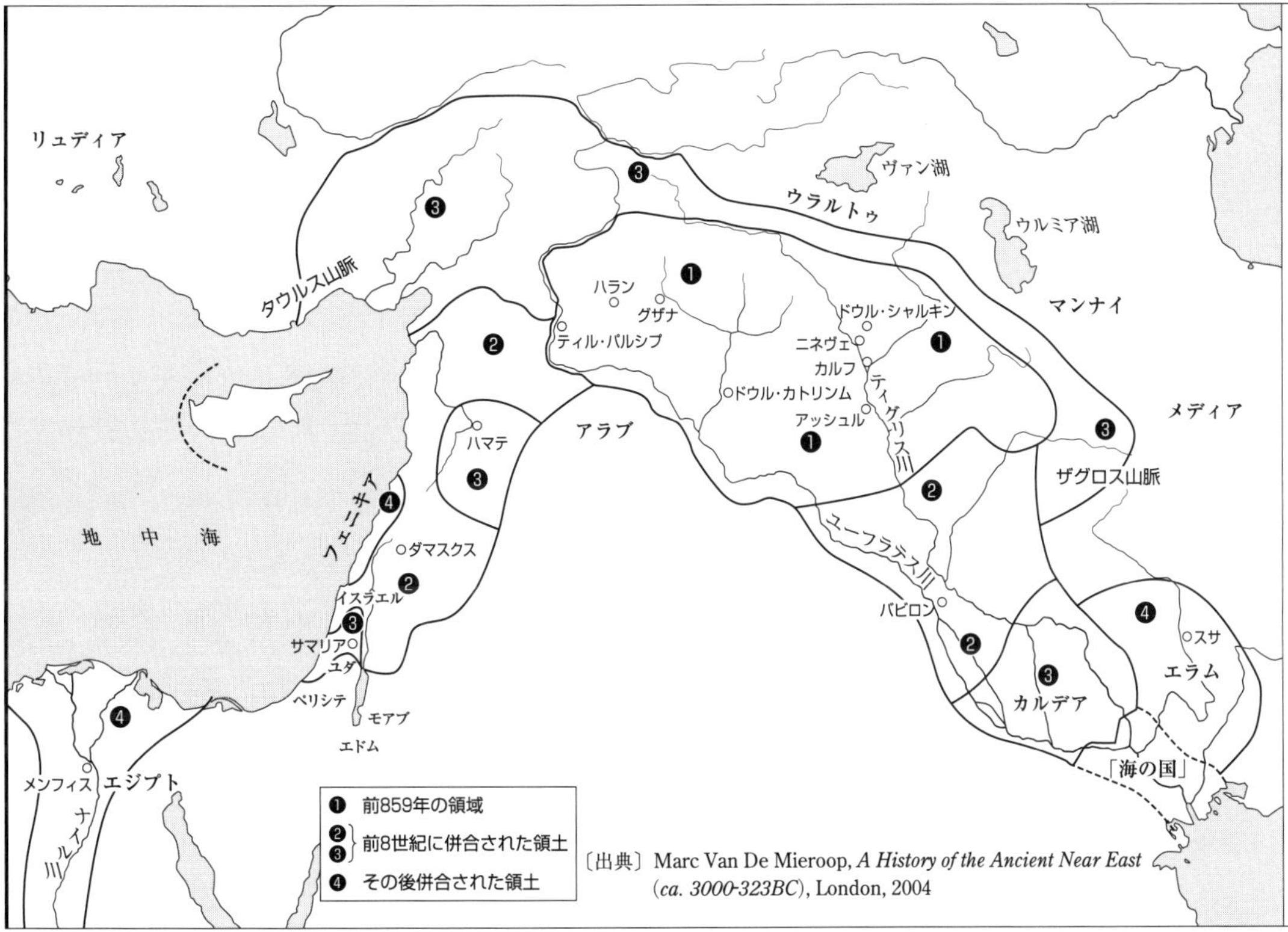

〔出典〕 Marc Van De Mieroop, *A History of the Ancient Near East (ca. 3000-323BC)*, London, 2004

●—前七世紀初頭のアッシリア帝国

還させてバビロンの再建に着手し、その事業はさらにエサルハドンの子アッシュルバニパル(在位前六六九〜前六二七)に引き継がれた。しかし、その後もメソポタミアの伝統宗教の頂点にあるバビロンの存在は、アッシリアのメソポタミア支配において大きな問題として残っていく。

アッシリア帝国の衰退

前六六九年、アッシリア王エサルハドンが事前に公布した取り決めに従い、帝国はアッシリアとバビロニアに二分して二人の息子に継承された。アッシュルバニパルがアッシリアの、シャマシュ・シュム・ウキン(在位前六六八〜前六四八)がバビロニアの王位についた。しかし、アッシュルバニパルよりも年長であったシャマシュ・シュム・ウキンは、アッシュルバニパルがアッシリア王として保持したバビロニアに対する政治的優位を不服として、前六五二年にバビロニアの諸都市、カルデア諸部族、アラム諸部族、アラブ遊牧民▲、エラム王国を含む広範な反アッシリア勢力を結集して反乱を起こした。四年以上も続いた反乱は前六四八年に最終的に鎮圧され、アッシリアは前六四〇年頃まで反乱

▼**アラブ遊牧民**　ここでの「アラブ」は、メソポタミアとシリアの諸王国に由来する文書にあらわれる語で、シリア・アラビア砂漠の遊牧民を指す。

に加担した主たる外国勢力であるエラム王国とアラブ遊牧民に対して、さらに懲罰遠征を繰り返した。これ以後、長い戦乱による国力の疲弊を物語るようにアッシリアの外征はやみ、アッシリア帝国はしだいに衰退に向かっていった。

シャマシュ・シュム・ウキンが廃位されたバビロンの王位には、アッシリアの傀儡（かいらい）としてカンダラヌ（在位前六四八～前六二七）がつけられたが、この人物の治世中におけるバビロニアの主要都市（バビロン、ボルシッパ、ニップル、クタなど）の建設事業は、アッシュルバニパルの名のもとにおこなわれ、カンダラヌの功績についてはほとんどなにも知られていない。「カンダラヌの治世第X年」という書式で年代のつけられた数百の経済文書は、その治世中、バビロニアの経済活動が混乱から立ちなおり、繁栄を取り戻したことを示唆する。しかし、そうしたバビロニア社会の復興が、強力なアッシリア支配のもとで起こったのか、それとも、バビロニア都市住民とカルデア系部族がそれまでしばしば繰り返していた抗争を自制して協調し、バビロニアの自律的・内的発展を支えた結果であったのかは、明らかでない。

バビロニアの反乱と新バビロニア王国の独立

「バビロニア歴代記▲」が記録するカンダラヌス治世末の記事は、アッシリアが急速にバビロニア支配を失ったことを示している。前六二七年の後半にカンダラヌスの治世が終わったとき、おそらくほぼ同時期にアッシュルバニパルも没しており、バビロニアはすでに混乱のなかにあったらしい。「バビロニア歴代記」は、バビロン市内で戦闘が起こり、反乱鎮圧のためにバビロニアに進軍していたアッシリア王シン・シャル・イシュクンが、ひとたびアッシリアに撤退したあと、再度バビロニアに侵攻したことを記録している。ネブカドネザル二世の父ナボポラサル(アッカド語の原語「ナブー・アプラ・ウツル」)は、このときのアッシリアに対する反乱の主導者として「バビロニア歴代記」に登場する。

歴代記によればナボポラサルの軍勢は、前六二七年テイシュリ月(バビロニア暦第七月)に北からバビロニア中心部に進軍したアッシリア軍と当時アッシリアのバビロニアにおける重要な拠点であったニップルで戦いを交えたのち、南方のウルクまで撤退するが、ウルクでアッシリア軍とその援軍であるニップルの軍勢と交戦し、これを退けた。この時期について、「バビロニア歴代記」

▼「バビロニア歴代記」　前八世紀以降バビロンとその周辺で起こった年ごとの事件をアッカド語で粘土板に記した一連の編年記録。数十の粘土板に断片的ながら前一世紀までのできごとが書かれている。記事は、バビロンの王権とバビロニアにおける祭儀、バビロニア王国をめぐる重要な政治的・軍事的事件を主たる内容とする。

は、一年間、バビロニアに王がいなかったことを示唆しており、バビロンを含むバビロニア各地は、アッシリアを支持するグループと反乱を支援するグループに分かれて混乱が続いていたと考えられる。そのような状況は書簡史料からも察せられる。

こうした闘争と混乱の時期をへて、翌年(前六二六年)のティシュリ月には、北方のバビロン近郊でバビロニアの軍勢が、再侵攻を企てるアッシリア軍を打ち破り、バビロンを掌握した。同年アラフサムナ月(第八月)二十六日には、ナボポラサルがバビロンで王位についたことを「バビロニア歴代記」が記録している。バビロニア全土の支配をめぐる戦闘はその後も各地で続いたが、バビロンに新たに独立した王権が樹立されたことで、前八世紀後半から一世紀にわたり続いた新アッシリア帝国によるバビロニア支配は急速に終焉に向かい、八七年間の新バビロニア王国の時代が幕を開けた。

その後の時代の推移を俯瞰すると、バビロニアとメディア▲の攻勢の前にアッシリアの中心都市が次々に陥落し、前七世紀末に、アッシリア帝国は滅亡する。アッシリア滅亡後は、政治的真空状態が生じたシリアの領有権をめぐり、バビ

▼メディア　前一千年紀初めまでにイラン高原に侵入したイラン系民族集団。前八世紀後半から前六世紀にかけて王国を形成し、エクバタナ(現ハマダーン)を首都に、イラン高原からアナトリア東部にかけての一大勢力となった。

ロニアとエジプトが対峙した。そんななか、バビロニア王ナボポラサルと皇太子ネブカドネザル二世は度重なる遠征の結果、エジプトを退けてバビロニアのシリア・パレスチナ支配を確立し、バビロニアはかつてのアッシリアの支配領域をほぼ継承する大国となる(この過程は後述)。こうして、バビロニア、メディア、エジプト、アナトリアの新興国リュディア▲の四つの王国が西アジアに併存する新時代が到来した。ネブカドネザル二世の長い治世は、父ナボポラサルの遺志を受け、シリア・メソポタミア支配を確立し、都市バビロンを帝国首都にふさわしい都市に再建して、その最高の繁栄をもたらした新バビロニア王国の絶頂期であった。

▼リュディア　サルディスを首都に、前七世紀から前六世紀にかけてアナトリア西部を支配した古代国家。

②―新バビロニア王国の興隆とネブカドネザル二世

アッシリアの滅亡とナボポラサルの即位

新バビロニア王朝の創始者ナボポラサルの治世の初めから、その王位継承者ネブカドネザルの治世第一一年までの三三年間（前六二六〜前五九四年）のバビロニア王国の軍事行動は、「バビロニア歴代記」に断続的に記されている。

「バビロニア歴代記」は、ナボポラサル即位から治世第三年までを記録したのち、第四年から第九年（前六二二〜前六一七年）が欠損しており、第一〇年からふたたび記録が始まる。それでも種々の断片的データから、ナボポラサルは即位から治世第一〇年まで、ティグリス・ユーフラテス河畔の各地において、メソポタミアの覇権をめぐってアッシリア軍と戦闘を繰り返したこと、また、アッシリアの王権は盤石ではなく内紛も起こっていたことがうかがい知れる。そして前六一五年（ナボポラサル治世第一一年）、バビロニア軍はついにアッシリアの古都アッシュルを攻撃した。アッシュルは陥落をまぬがれたが、バビロニア軍はアッシリア中心に近いティグリス川沿いのタクリタイン▲に拠点を確保

▼**タクリタイン**　現ティクリート。サラフ・アッディーン（サラディン）とサダム・フセインの出身地としても知られている。

した。

翌前六一四年、ザグロス地方から侵攻したメディアが、バビロニアの動きに呼応して、アッシリアを北東から攻撃し、ニネヴェ近郊の都市タルビツを占拠したのち、南進してアッシュルを陥落させた。ナボポラサルは軍を率いてアッシュルに向かい、メディア王ウマキシュタル(在位前六二五〜前五八五頃、古典史料のキャクサレス)と合流し、両者は同盟を確認する。そして前六一二年、バビロニア・メディア連合軍の攻撃の前に、アッシリアの首都ニネヴェが落城した。その後アッシリアは西方の主要都市ハランを拠点に、バビロニアの攻勢に対して抵抗を試みるが、前六一〇年にハランが陥落すると、メソポタミア、シリア・パレスチナにおけるアッシリアの支配は急速に失われた。

ナボポラサルがバビロンとシッパルでおこなった建築事業を記念して書かれ、建築物の底部や内部に埋蔵された記念碑文が数多く知られている。バビロンのニヌルタ神殿とマルドゥク神殿コンプレックスのジックラト(エテメンアンキ)、シッパルのエ・エディンナ神殿などの神殿建設がおこなわれたが、バビロンにおいては、二重の市壁(ネメッティ・エンリルとイムグル・エンリル)、河川の堤

▼ニネヴェ　新アッシリア帝国最後の首都。イラクのモスル市の北東部、ティグリス川東岸に位置する。ニネヴェはヘブライ語名で、原語のアッカド語ではニヌア。全長一二キロの城壁にかこまれた大型遺跡には、クユンジクとネビ・ユヌスの二つの遺丘が含まれる。

▼ハラン　トルコ東部バリフ川上流に位置する古代都市(現アルトゥンバシャク)。調査により、前三千年紀半ばからの居住層が確認される。月神の礼拝地として知られ、新アッシリア帝国の西方支配の拠点の一つとなった。

▼シッパル　バビロンの北に隣接する、バビロニア王国の中心都市の一つ。前三千年紀からメソポタミアの伝統都市として知られ、太陽神(ウトゥ/シャマシュ)の主神殿があった。現在のアブー・ハッバとテル・エッ・デールの二つの隣接する遺跡からなる複合都市。

防や防壁など、都市の基礎構造物の建築にも多くの努力がはらわれた。そうした建築事業のさいに建築物の内部にうめられた建築記念埋蔵碑文▲は、政治的事件については多くを語らないものの、バビロニアのアッシリアからの解放については非常に頻繁に言及している。例えば、イムグル・エンリル建設を記念する円筒碑文の一つは、次のように記している。

神の怒りゆえに、アッカド(バビロニア)を支配しその重い軛(くびき)によってこの国の人民を抑圧していたアッシリア人を、主人たちの主人(神々の王マルドゥク)を絶えず探し求める、か弱く力なきものにすぎない私(ナボポラサル)は、私の主人ナブー神とマルドゥク神の大いなる力によって、アッカドの地から追い出した。そして私は(バビロニアの人々にアッシリアの)軛を投げ捨てさせた。

おそらく少しあと、明らかにアッシリアの主要都市の陥落後に書かれたと推測される、イムグル・エンリル記念碑文は、アッシリアのさらなる決定的衰退を次のように記す。

私の王権を愛するナブーとマルドゥクの命に従い、稲妻をもって私の敵を

▼**建築記念埋蔵碑文**　石板、粘土板、粘土製釘・円筒・角柱などに記された記念碑文で、為政者・有力者によって大規模建築物の基礎や壁の内部などに埋設された。碑文には、建築した王の名・系図・称号、建築の詳細、軍事業績、社会改革などについて記された。メソポタミアにおいては前三千年紀半ばから前三世紀まで、楔形文字でシュメル語とアッカド語の建築記念碑文が作成された。

打つ恐るべきエラ神の強力な武器をもって、私はスバル人(アッシリア人)を殺し、その国々を廃墟にかえた。

皇太子ネブカドネザル

アッシリアの滅亡を受けて、それまでしばしばアッシリアを支援してシリアに進出していたエジプトが、政治的真空状態に陥ったシリア・パレスチナの覇権をかけて、直接バビロニアと軍事的に対立する情勢になった。こうした動乱の最中、ネブカドネザルはナボポラサルに王位継承を約束された皇太子として、父の存命中からその軍事作戦と執政を助ける立場にあった。

皇太子としてのネブカドネザルに言及する史料としては、ナボポラサルが首都バビロンのジックラト(エテメンアンキ)の再建を記念する建築記念埋蔵物の円筒碑文が知られており、この建築物の基礎をすえる儀式に長子ネブカドネザルが弟ナブー・シュマ・レシルとともに参加したことを次のように記している。

私(ナボポラサル)は、私の主人マルドゥク神に対して首をたれた。私は私の王の服を丸め、私の頭にレンガと土を乗せて運んだ。私は金と銀の運び籠をつくらせ、私の長子、私の心の愛する者、ネブカドネザルに、私の群集とともに、ワイン、油、香料を混ぜ合わせた土を運ばせた。彼の近しい兄弟、幼いわが子、弟、私のお気に入り、ナブー・シュマ・レシルに、鶴嘴(つるはし)と鋤(すき)をもたせた。私は彼に金と銀の運び籠をもたせ、贈物としてそれをマルドゥク神に捧げた。

ネブカドネザルが皇太子として重要な政治的責務をはたしていたことは、書簡にも示唆されている。南メソポタミアの主要都市ウルクのエアンナ神殿▲の行政をつかさどる要人たちに宛てた書簡において、ネブカドネザルはメディア人とともにシリアのハランに滞在している父王ナボポラサルに対して支援を惜しまぬよう求めており、王の出征中はネブカドネザルが本国の政務の中心にあったことを知ることができる。またネブカドネザルと呼ばれる人物が、ナボポラサルの治世の初めから、エアンナ神殿のシャタンム職(最高位の行政官職)を務めていたことが行政文書から知られており、皇太子ネブカドネザルはおそらくこの人物と同一であり、エアンナ神殿と密接な関係にあったと考えられる。

「バビロニア歴代記」によれば、前六〇七年には、王ナボポラサルと皇太子

▼エアンナ神殿　古代都市ウルクの中心部に建てられた愛と戦いの女神イナンナの主神殿。すでに前四千年紀末には、大規模な神殿としてその遺構が確認される。前一千年紀には、特権的な神殿都市ウルクの行政と経済において中心的役割をはたした。

ネブカドネザルは、それぞれ個別の部隊を率いて山岳地域（おそらくザグロス山地の一部）に遠征にでており、ネブカドネザルは自ら軍の指揮を執って戦っている。その二年後の前六〇五年の西方への遠征においては、王はおそらく老齢で自ら遠征にでることのできる体調ではなかったとみられ、バビロンにとどまり、皇太子ネブカドネザルがバビロニア軍を指揮した。この年、ネブカドネザルの軍は北シリアの拠点であるカルケミシュ▲に駐留していたファラオ・ネコ▲率いるエジプト軍と戦い、これを退けて南進し、ハマテ（現ハマ〈シリア〉）地域を制圧した。引き続き「バビロニア歴代記」によれば、同年（前六〇五年）のアブ月（バビロニア暦第五月）八日にナボポラサルがバビロンで没すると、シリアの遠征先にいたネブカドネザルはすみやかにバビロンに帰国し、約二〇日後の翌エルル月の一日には、（明らかになんの混乱もなく）バビロンで即位式をおこなった。

▼カルケミシュ　ユーフラテス川西岸、現在のトルコ・シリア国境のトルコ側に位置する古代都市（現ジェラブルス）。前二千年紀後半は、新ヒッタイト系の都市であったが、前八世紀後半に新アッシリア帝国に併合された。新アッシリア滅亡後は、新バビロニアとエジプトのシリア支配をめぐる主要な係争地となった。

▼ファラオ・ネコ　ネコを名乗るエジプト王は、前七世紀半ばから六世紀初頭にかけて二人知られているが、ここで言及されるのは第二六王朝のプサメティコス一世の子、ネコ二世（在位前六一〇〜前五九五）。

いわゆる「カルデア王朝」

「聖書」や西洋古典資料において、新バビロニア時代の「バビロニア人」と

「カルデア人」は同義語として用いられていることもあり、ナボポラサルに創始されネブカドネザルに引き継がれた新バビロニア王朝は、しばしば「カルデア王朝」と呼ばれてきた。また、ナボポラサル治世から三〇〇年後のセレウコス朝期のウルクの呪術師が所有した儀礼文書の奥付には「海の国(*māt tâmtim*)の王ナボポラサルがウルクから略奪した粘土板に基づいて」作成された写本であると記されていることを根拠に、メソポタミア最南部に位置し「海の国」として知られた地域でもっとも有力なカルデア系部族「ビート・ヤキン」をナボポラサルの出自と結びつける学説が提出された。しかし、ナボポラサルが実際にカルデア人であったことを明確に示す同時代史料はなく、この学説は確かなものではない。

ナボポラサル自身の書かせた建築記念碑文で、ナボポラサルは幼少時「誰でもない者の子」であったにもかかわらず、バビロンの主神マルドゥクが王となる命運を授けてくれた、と記している。「誰でもない者の子」という楔形文字アッカド語史料にしばしばあらわれるこの表現は、ナボポラサルが、直近のバビロン王の家系に直接連なる血脈に属していなかったことを示している。

後二世紀の歴史家アビデヌス▲が引用するベロスス▲の記事も、このことを支持するようにみえる。ベロススによれば、アッシリア末期の王サラコス（シン・シャル・イシュクン）は、反乱軍が海のほうから攻撃してくるのを知って、急いでブポラサロス（ナボポラサル）を将軍としてバビロンに送ったが、ブポラサロスは反乱を決意して、メディアのアスティアゲスの娘アムヒディンと自らの子ナブコドロソロス（ネブカドネザル）の結婚を取り決め、すみやかにニネヴェの攻撃に向かったという。

エウセビオス▲の引用するベロススの記述にも、ナボポラサルがアスティアゲスの娘をえるためにメディアに援軍を送ったとする記事が残っており、娘の名はアミティスとされている。ナボポラサルがメディアと結んでアッシリアを攻撃したことは「バビロニア歴代記」などの同時代史料（先述）からも裏付けられることから、これらの記事の信憑性を受け入れ、ナボポラサルはバビロニア出身でアッシリアに軍人として仕えていたが、反乱を起こしてバビロンの王権を掌握したと考えられてきた。

▼アビデヌス（生没年不詳）　古代ギリシアの著述家で、前二〇〇年頃『カルデア人とアッシリア人の歴史』を著した。この著作は、エウセビウスなど後代の著述家の作品中に断片的に残っている。

▼ベロスス（生没年不詳）　前三世紀前半のバビロニアの知識人で三巻からなる『バビロニアの歴史』を著し、セレウコス朝の王アンティオコス一世に献じたといわれる。バビロニアの史料を用い、天地創造からアレクサンドロス大王の時代までを扱うこの著作は、後代の複数の著述家に引用され断片的に残存している。

▼エウセビオス（二六〇？～三三九）　三世紀後半から四世紀前半に生きたギリシア教父で歴史家。『教会史』を著して後世に「教会史の父」と呼ばれた。著作の一つ『年代記』がベロススの引用を含む。

ネブカドネザルの出自——父ナボポラサルとウルク

近年おこなわれた書簡史料の分析と人脈研究では、ナボポラサルがアッシュルバニパル治世下において、ウルクの「知事(*šākin ṭēmi*)」であったクドゥル(*Kudurru*。おそらく正式名 *Nabû-kudurrī-uṣur*〈ネブカドネザル〉の略称)の長子であり、父クドゥルが没したのち、ウルクで市の行政を代表する要職にあった可能性が高いことを示した。また、ナボポラサルとその弟であるナブー・シュマ・ウキンを含むクドゥル家の人々は、アッシリアに反旗を翻したため、親アッシリア勢力によってウルクを追放されたらしいことも明らかになった。さらに、ナボポラサル即位後、(ウルクの北西にあるニップルがしばらくのあいだ〈前六一六年頃まで〉アッシリアを支持し続けたのに対して)ウルクはいち早くナボポラサルの王権を承認したことが行政・経済文書や書簡資料から明らかである。

また、ナボポラサルの子ネブカドネザルが皇太子時代から、ウルクでエアンナ神殿の要職(シャタンム職)にあったことも、一族がウルク出身だったことがその背景にあったと考えられる。したがって、ネブカドネザル二世は祖父と同名であり、「クドゥル(ネブカドネザル)の子であるナボポラサルの子」であった、

ということになる。▲

　また、ウルク出土の粘土板に記された歴史予言文書「ウルク予言」には、不正な治世が続いたのちに、「ウルクのなかに王があらわれ」正しい治世をおこない、「彼ののちに彼の子である王がウルクのなかにあらわれ、四方世界を支配する」という記述がある。この記事は、すでに起こったできごとをあたかもこれから起こることのように記した「事後予言」あるいは「偽予言」と呼ばれる歴史文学文書に特有のものであり、暗示されている二人の王たちは、ナボポラサルとネブカドネザルと比定することができる。したがって、ここでも彼らがウルクの有力者であったことが示唆されていると考えられる。

　不確かな状況証拠にもとづいてネブカドネザルの系譜を前八世紀後半のバビロニアの王統に遡ろうとする試みもあるが、十分な根拠がないうえ、ナボポラサルが、自らの碑文において自分の系図を示さず、「誰でもない者の子」であったにもかかわらず神々の意向によって王位についたことを強調していることからみて、そうした試みは不要と思われる。

▼ネブカドネザルが二世となる意味
ネブカドネザル二世が「二世」とされるのは、先述したとおり、前十二世紀の同名のバビロニア王につぐ二人目の「ネブカドネザル」の意である。同名の祖父を一世として、それにつぐネブカドネザルという意味ではない。

バベルの塔「エテメンアンキ」(左)とネブカドネザル(右)の姿を描く石碑

ネブカドネザル＝ナブー・クドゥリ・ウツル

先述のとおり、ネブカドネザルの名は、原語でナブー・クドゥリ・ウツルであり、「ナブー神よ、わが世継ぎを守りたまえ」を意味する。これは、誕生した長子の安寧を願う親の気持ちを表現している。祈願の対象となったナブー神は、ボルシッパのエジダ神殿を主神殿とする書字技術をつかさどる神であり、バビロニアの主神マルドゥクの子として、当時、マルドゥクと並んで最高の礼拝対象であった。ネブカドネザル(ナブー・クドゥリ・ウツル)という名は(先述のとおり、おそらく祖父と同名でもあるが)、とくに前十二世紀のイシン第二王朝期のバビロニア王ネブカドネザル一世を意識して、名づけられたものと考えられる。

ネブカドネザル一世はカッシート王朝期末に、バビロンを攻撃してマルドゥクの神像を奪い去った東方の大国エラムに対して遠征し、エラムを討ち破って積年の復讐をはたした。そのさい、マルドゥクの神像をバビロンに取り戻してその祭儀を復興したことで、バビロンでとりわけ高い評判をえてきた王であった。メソポタミアの神々のなかでマルドゥク神が新世代の神々の世界を代表して外敵を討って神々の王の地位を獲得し、天地を創造した顚末を語る神話「エヌマ・エリシュ」(八八頁参照)は、このネブカドネザル一世の治世に作成されたとするW・G・ランバートの有力な学説もある。父王ナボポラサルは、ネブカドネザル一世の治世にならって、アッシリア帝国の時代が終焉したあと、バビロニアの復興と繁栄の実現を担う人物になるようにとの期待を込めて、この名誉ある歴史的な名を皇太子となるべき長子に与えたのかもしれない。

ネブカドネザルの兄弟、妻、子どもたち

ネブカドネザルの母がどのような人物であったかは知られていないが、兄弟については若干の情報がある。ナブー・シュマ・リシルは、先述のとおり、ナボポラサルのエテメンアンキ建設を記念する円筒碑文に、建築儀礼に中心的な役割をはたす者として、ネブカドネザルと並んで言及されている。ナブー・シュマ・リシルは、「バビロニア歴代記」の破損した断片的な文脈でも言及されているが、この文脈がナブー・シュマ・リシルの死亡を扱うものか、それとも反乱に関連するのか判然としない。もう一人の弟は、ナブー・ゼール・ウシャ

ブシといい、ネブカドネザルの治世晩年に書かれた売買文書に「ナボポラサルの子」として言及されている。

ネブカドネザルの妻に言及する同時代史料は知られていないが、先述のように、ナボポラサルによってメディアからむかえられたネブカドネザルの妻について、ベロススが記している。隣国との友好関係を保証する国際結婚は、当時の西アジア世界で頻繁におこなわれているので、このことはとくに驚くにはあたらないが、この妻が正室であったか否かは明らかでない。いずれにせよ、当時の慣行を考慮すれば、ネブカドネザルには複数の妻があり、そのそれぞれが子を残した可能性は排除できない。

ともあれ、ネブカドネザルには、彼の王位継承者となったアメル・マルドゥク(「聖書」のエビル・メロダク〈在位前五六二〜前五六〇〉)を含め、多くの子どもがいたという証拠が楔形文字アッカド語の諸史料に残っている。D・J・ワイズマンは(一九八五年の著作において)、アメル・マルドゥクのほかに、ネブカドネザル治世の年代の記されたバビロニア各地に由来する行政文書・法文書のなかに、五人の「王の息子」の称号をもつ人物(エアンナ・シャラ・ウツル、マルドゥク・シュマ・ウツル、マルドゥク・ナディン・アヒ、ムシェジブ・マルドゥク、マルドゥク・ナディン・シュミ)を確認し、彼らをネブカドネザル二世の息子たちとしてあげることができた。これに、さらに別の史料によりナブー・ナイド(のちの同名の王ナブー・ナイドすなわちナボニドスとは異なる人物)を「王の子」として加えることができる。

また、「ナブー・クドゥリ・ウツル(ネブカドネザル)の子ナブー・シュマ・ウキン」の名によってマルドゥク神に捧げられた哀歌が知られている。ナブー・シュマ・ウキンが投獄された自らの運命をなげくこの哀歌を公刊したI・L・フィンケルは、この文書をアメル・マルドゥクが投獄されていたことを伝えるユダヤ系注釈文書の伝承と照合した。そして、ナブー・シュマ・ウキンはなんらかの理由で王の不興を買い投獄されたが、願いがかなって王の怒りが解けて解放され、これをマルドゥク神に感謝して、「マルドゥクの人」を意味するアメル・マルドゥクに改名したという説を提出している。アメル・マルドゥクはこの時期にはめずらしい名前であり、特別な環境での命名を想像させるため、フィンケルの仮説には一定の説得力がある。

ネブカドネザルの娘としては、カッシャヤがネブカドネザル治世中に書かれた文書中で「王の娘」と記されていることが早くから指摘されてきたが、さらにインニン・エティラトとバウ・アスィトも「王の娘」のタイトルをともなって、ネブカドネザル時代の文書中に言及されていることが明らかになった。カッシャヤとバウ・アスィトは、ウルクに由来する文書に言及されており、一族の故地と考えられるウルク在住であったことがわかる。インニン・エティラトはバビロンで書かれた文書に言及されているが、ウルクに主神殿をもつ女神インニン(イナンナの異形)を神名要素として含むその名は、彼女もまたウルクの出身であったことを示唆している。

したがって、王子たちが王国中枢のバビロンやシッパルを中心に活動していたのに対し、娘たちは親族の所有地のあるウルクを生活の場としていたと考えられる。カッシャヤは、ネブカドネザル治世初期からすでに文書に言及されているところから、他の子どもたちより年長で影響力があったと考えられ、後述するように、その後の王権の行方を左右した可能性がある。

ネブカドネザル王権の相続者たち

ネブカドネザルの子アメル・マルドゥクに続く新バビロニア王は、ネブカドネザル直系の父系による血を引く人々ではなく、野心的な有力者による簒奪(さんだつ)が頻発して王位継承は不安定であった。それでも王位についた者は、ネブカドネザル家と姻戚関係を結んだ人物からでていた可能性が大きい。アメル・マルドゥクから王位を簒奪したネリグリッサル(在位前五六〇〜前五五六。原語のアッカド語はネルガル・シャル・ウツル、「聖書」のネルガル・シャレゼル)は、ベロスなどのギリシア語史書の伝えるところによれば、ネブカドネザルの娘と結婚していた有力者であり、ネブカドネザルの娘婿にあたる。先述のカッシャヤこそがネリグリッサルの妻であり、この年長の娘との婚姻が、ネリグリッサルの宮廷内での影響力の強化に貢献したという可能性もある。

ネリグリッサルの王位を継ぎ、三カ月間王位にあったラバシ・マルドゥク(在位前五五六)はネリグリッサルの子であり、したがってネブカドネザルの孫(娘の子)にあたる。そのラバシ・マルドゥクからバビロニアの王位を簒奪した新バビロニア王国最後の王ナボニドス▲(原語のアッカド語はナブー・ナイド)は、

▼**ナボニドス**(在位前五五六〜前五三九)　新バビロニア王国最後の王。バビロンの主神マルドゥクへの信仰よりも月神シンへの信仰に深く傾倒し、首都バビロンを皇太子ベルシャザル(ベール・シャル・ウツル)にまかせ、一〇年にもわたる長期間、北アラビアのオアシス都市テイマに滞在した。アケメネス朝ペルシアのキュロス二世(大王)のバビロン入城と同時に廃位され、新バビロニア王国は滅んだ。

先王たちの血を引くことなく王に成り上がった人物であったが、ネブカドネザルとネリグリッサルの廷臣としてバビロニア王国の重職にあった証拠がある。ナボニドスの子であるベルシャザルをネブカドネザルの「子」(子孫の意と解することも可能)と呼ぶ「聖書」の「ダニエル書」(五章二節)の記述を根拠にすることができるかどうかは意見の分かれるところであろうが、ナボニドスもネリグリッサル同様、ネブカドネザルの娘の一人を娶(めと)ってネブカドネザルの血脈に連なることで、王宮での権威を強化していた可能性は少なくないように思われる。

「バビロニア歴代記」の一書板
ネブカドネザルの皇太子時代から治世第一一年までの記録が残る。

③—ネブカドネザル二世の治世と帝国の広域支配

治世初期(前六〇五〜前五九四年)の政治史

先述のとおり、前六〇五年のアブ月(バビロニア暦第五月)八日にナボポラサルがバビロンで没したため、ネブカドネザルはシリアの遠征先からバビロンに帰国し、約二〇日後の翌月エルル月の一日にはバビロンで即位した。「バビロニア歴代記」によると、その後ネブカドネザルは軍を率いて「ハッティの国」(シリア)にとって返し、シャバト月(第一一月)まで軍事行動を継続し、シリアからの戦利品をバビロンに持ち帰っている。

翌年の治世第一年(前六〇四年)、新年の最初の月であるニサン月(第一月、現在の三・四月にあたる)にバビロンの新年を祝うアキトゥ祭(八八頁参照)を初めて王として催し、都市バビロンの神にしてバビロニアの最高神であるマルドゥク神とその子ナブー神の神像を行進においてエスコートする祭儀を執りおこなった。

「バビロニア歴代記」の記録は、ネブカドネザルの即位後も、シリア・パレスチナの覇権をかけての戦いが、かならずしも容易なものでなかったことを示している。ネブカドネザルは治世第一年から第四年まで（前六〇四～前六〇一年）、毎年シリアに遠征した。前六〇四年には、シリアを通過して南方深く軍を進め、パレスチナ南部の港湾都市アシュケロン▲を占領して凱旋し、その後もシリア・パレスチナ支配を確立するために、繰り返し遠征を重ねている。前六〇一年にはシリアをへてエジプトに向けて進軍し、エジプト軍との激しい交戦（戦場の正確な位置は不明）のすえ、双方に多くの犠牲者を出した。この戦闘の翌年、ネブカドネザルは遠征にでず、バビロンで軍の再編に努めている。

シリア東部、ハブル川下流域のテル・シェイフ・ハマド遺跡▲では、「バビロニア王ネブカドネザル」の第二年と第五年に年代付けられた一群の文書が発見されている。ドゥル・カトリンムは、ティグリス川中流域のアッシリア中心部とシリアの中間に位置しており、この時期にメソポタミア、シリア一帯が急速にバビロニアの支配下に取りこまれていったことを示している。

アシュケロン、エクロン、アシュドド、ティムナ（テル・バタシュ）などのペリシテ地方（パレスチナ南部海岸地域）の諸都市の遺構では、ネブカドネザル軍

▼アシュケロン　前十二世紀頃アナトリア南部から東地中海に移動した、「海の民」の一派であるペリシテ人の主要な都市国家の一つ。前八世紀半ばからはアッシリア、エジプト、バビロニアといった地域大国の政治的影響下におかれた。

▼テル・シェイフ・ハマド　シリア北東部、ハブル川下流東岸に位置する遺跡。前十三世紀から前七世紀末まで、アッシリア王国の西方の拠点ドゥル・カトリンムとして重要な行政的役割をはたした。その後は、マグダル（アラム語で「塔」）の名で呼ばれたことが知られている。

による侵攻の結果と考えられる、火災をともなう破壊層が確認され、ネブカドネザルがこの地域の都市を徹底的に破壊したことを示唆している。ペリシテ地方は、前七世紀前半の新アッシリア時代、海洋交易の拠点として、地方王権が管理する経済活動が特別に保護された特区ともいうべき地域であった。しかし、ネブカドネザルはそうした経済的メリットを捨てても、エジプトと結びつきの強いこれらの地域を消滅させて、シリア・パレスチナ地方に対するバビロニアの覇権を確立するために「焦土」作戦をとったと考えられる。

治世第五年(前六〇〇年)の一年間の軍事作戦中断後、ネブカドネザルは西方への軍事作戦を再開し、治世第八年までシリア・パレスチナ諸国ならびにアラブ遊牧民に対する遠征を継続した(前五九九〜前五九七年)。「バビロニア歴代記」によると、第七年(前五九八年)には、バビロニア軍は「ユダの都市」(エルサレム)を包囲し、アダル月(第一二月)二日にはこれを占領し、ユダの王をとらえて、新しい傀儡(かいらい)の王を立てた。

「聖書」の記事(「列王記」〈下〉二四章一〜二節、一〇〜一七節)はこの事件により詳しく言及しており、ユダ王(ヨシヤの子)ヨヤキムがバビロニアに一度は服属しながらもエジプトに頼ってバビロニアに反乱し、その結果、エルサレムはバビロニア軍によって包囲されたこと、また(おそらく包囲のなか没した)ヨヤキムにかわりその子ヨヤキンが王となったが、三カ月後(『聖書』によるとネブカドネザルの第八年に)エルサレムは落城し、ヨヤキンはバビロニア軍にとらえられて、エルサレムの高官・兵士・職人などとともにバビロンに捕囚として連れ去られたこと(「第一次バビロン捕囚」)を記録する。そのさいの戦利品と捕囚について、「列王記」は次のように記す。

バビロンの王は主(ヤハウェ)の神殿の宝物と王宮の宝物をことごとく運び出し、イスラエルの王ソロモンが主の聖所のためにつくった金の器をことごとく切り刻んだ。彼はエルサレムのすべての人々、すなわちすべての高官とすべての勇士一万人、それにすべての職人と鍛冶を捕囚として連れ去り、残されたのはただ国の民のなかの貧しい者だけであった。彼(ネブカドネザル)はヨヤキンを捕囚としてバビロンに連れ去り、その王の母、王妃たち、宦官たち、国の有力者たちも、捕囚としてエルサレムからバビロンに行かせた。バビロンの王はすべての軍人七〇〇〇人、職人と鍛冶一〇〇〇人、勇敢な戦士全員を捕囚としてバビロンにつれていった。バビロンの王はヨヤキンにかえて、その叔父マタンヤを王とし、その名をゼデキヤと改めさせた。

このころ(ネブカドネザル二世の治世第七年〈前五九八年〉)に書かれたバビロンの南王宮の建設を記念するネブカドネザルの角柱碑文は、建設事業に貢献した六〇人ほどの人物を記録しているが(五五頁参照)、そこにはバビロンの宮廷官僚、バビロニアの族長、地方行政官、地方都市君主とともに「ティルスの王、ガザの王、シドンの王、アルワドの王、アシュドドの王」(第五欄二三〜二七行)が含まれており、この時期に達成されていたネブカドネザルのシリア・パレスチナ支配を裏付ける。

治世第九年(前五九六年)には、バビロニア軍の矛先は東方のエラムに向けられ、翌年には、バビロニアで一カ月におよぶ内乱があったが、ネブカドネザルはこの内乱を鎮圧したのち、前五九五〜前五九四年にふたたびシリアに遠征している。「バビロニア歴代記」の記事はごく短いもので、この二度のシリア遠征の詳細は明らかでないが、シリアの諸王国に対して示威的軍事行動をおこなって貢納を集め、バビロニアの覇権を確認したものであったと考えられる。

治世中・後期(前五九三〜五六二年)の政治史

「バビロニア歴代記」の記録は、ネブカドネザルの治世第一一年(前五九四年)を最後に失われており、その後の彼の治世に関わるバビロニアの編年史料は存在しない。そのため、その後三〇年も続いたネブカドネザル治世下のバビロニア王国をめぐる政治的事件についてのデータは豊富でない。「聖書」の「列王記」(〈下〉二四章二〇節〜二五章二一節)、「歴代誌」(〈下〉三六章一三節、一七〜二〇節)、「エレミヤ書」(三九章一〜一〇節、五二章三〜三〇節)とその他のアラム語・ヘブライ語・ギリシア語の諸文書がこの欠落を部分的に補って、治世第一二年(前五九三年)以降のバビロニア軍のシリア・パレスチナにおける活動について、限定的ながら情報を提供する。

「聖書」によれば、当時のユダ王国には預言者エレミヤ▲のようなバビロニア支配を受け入れようとする一派と、バビロニアに反乱を試みようとする武闘派が対立していた。ユダ王国最後の王となったゼデキヤ(在位前五九七〜前五八六)

▼エレミヤ　前七世紀末から前六世紀前半、ユダ王国末期からバビロン捕囚期にエルサレムを中心に預言者として活動。民族神ヤハウェに対する人民の背信ゆえに、バビロニアによる災いがユダ王国にくだされることを予言し、ネブカドネザルを神の意志を現世で体現する「神の僕」と呼んだ。ユダ王国滅亡後もエルサレムにとどまるが、のちにエルサレムから逃亡する人々によってエジプトに連れ去られた。「聖書」の「エレミヤ書」にその活動が記される。

▼ラキシ　パレスチナ南部、ガザの北東約四〇キロに位置する古代都市。現テル・ラキシ(テル・エッドゥウェイルとも呼ばれる)。地中海沿いの道からユダ王国中心部の丘陵地帯に達する街道沿いに位置し、前八世紀末と前六世紀前半に、それぞれアッシリア王センナケリブとバビロニア王ネブカドネザルの軍勢の攻撃対象になった。

▼ラキシ・オストラカ　テル・ラキシ遺跡で一九三〇年代に発見されたオストラカ(陶片)。ユダ王国が新バビロニアの攻撃によって滅亡する直前に書かれた一連の書簡を含む、ヘブライ語文書群。

は、当初バビロニアの忠実な属王にとどまったが、最終的にはエジプトの援助に期待し、バビロンに対して反乱の機運を高めるシドン、ティルス、モアブ、アンモン、エドムといったフェニキアとトランス・ヨルダンの隣国に同調して、ネブカドネザルに反旗を翻した。ネブカドネザルはすみやかに軍をユダ王国に送り、ゼデキヤ王の治世第九年(ネブカドネザルの第一七年)の「第一〇月」(前五八八年の末あるいは前五八七年の初めにあたる)までにはユダの各地を破壊し、首都エルサレムの周囲に堡塁(ほうるい)を築いて町を包囲させた。

エルサレムに先立って陥落したラキシ▲からは、バビロニア軍の攻勢にさらされた当時の緊迫した様子を伝える一連の書簡(ラキシ・オストラカ▲)が発見されている。エジプトの軍事的介入はバビロニア軍を一時的にエルサレムから撤退させたものの、エルサレムは間もなく再包囲され、延べ一年半をこえる長期間の包囲戦ののち、前五八六年(ネブカドネザルの第一九年)の夏に落城した。エリコへと逃亡をはかったユダ王ゼデキヤはとらえられ、シリア・パレスチナでのバビロニアの軍事作戦の拠点であったリブラ(現シリアのラブレ)にいたネブカドネザルの前に引き出されて裁きを受け、両眼をつぶされバビロンに連れ去られた。

エルサレムの落城を記録する「列王記」〈下〉二五章)と「エレミヤ書」(三九、五二章)は、その後のエルサレムの破壊について詳述しており、それによれば、バビロニアの親衛隊長ネブザルアダンがエルサレムに送り込まれ、神殿・王宮ならびにエルサレムのあらゆる家屋を焼き払い、住民を捕囚として連れ去り、神殿の貴重品を略奪した(「第二次バビロン捕囚」)。これによって単独の王朝として五〇〇年も継続したダビデ家の王国(イスラエル統一王国▲、ユダ王国)は滅亡し、首都エルサレムは神殿とともに破壊された。この事件の顚末を記憶し、歴史的に理解したいという動機が、亡国のユダ王国末裔(まつえい)を「聖書」の核心部分の編集・再編集へと駆り立てたエネルギーの源泉であった。

ユダ王国以外についてのデータは僅少だが、「聖書」ならびにフラウィウス・ヨセフス▲の『ユダヤ古代誌』『アピオンへの反論』などのギリシア語の歴史書にみられる断片的記述は、ネブカドネザルの治世中にバビロニア軍がモアブ、アンモンといったユダの隣国を征服し、フェニキアのティルスを一三年間という長期にわたって包囲したことを示している。ティルスが屈服して包囲が

▼イスラエル統一王国　前一〇〇〇年頃にダビデによってイスラエル一二部族を統合してエルサレムを首都に形成された王国。ダビデの没後、その子ソロモンによって継承されたが、ソロモンの死後(九二六年頃)に北のイスラエル王国と南のユダ王国に分裂し、エルサレムはユダ王国の首都となった。

▼フラウィウス・ヨセフス(三七〜一〇〇頃)　帝政ローマ期の著述家。ユダヤ人祭司の家系に生まれ、ユダヤ共同体の政治的・軍事的指導者の一人であったが、エルサレム落城(七〇年)に先立ってローマ軍に投降。ギリシア語で『ユダヤ戦記』『ユダヤ古代誌』などの著作を残した。

▼ツッル（＝ティルス）　楔形文字アッカド語のツッルは、フェニキア語、ヘブライ語のツォルにあたる。ティルス（テュロス）はギリシア語名。

▼ワディ・ブリッサ　レバノンのベカー渓谷の北に位置するヘルメル近郊の村ブリッサの南谷がこの名で呼ばれており、ネブカドネザル二世の長文の碑文と浮彫が岩肌に刻まれている。

終了したのは、前五七三年頃のことと推定される。前五七四～前五六四年に年代付けられる一〇点以上の粘土板文書が、南メソポタミアのウルク近郊のツッル（＝ティルス）▲という町に言及しており、この町は、ティルス包囲の結果、バビロニアに強制的に移住させられたティルスの人々の居住地（＝新ティルス）であったと推定されてきた。また、「エレミヤ書」（四三章八～一三節）は、ネブカドネザルの進軍がエジプトのデルタ地方にまでおよんだことを示唆している。

ネブカドネザルは大量の記念碑文を残したが、これらの碑文は、バビロニア各地での精力的な建設事業以外には、新バビロニア帝国に関わる歴史的事件についての情報をほとんど含まない。数少ない例外の一つは、レバノンのワディ・ブリッサ▲にネブカドネザルが自らの姿を描く浅浮彫（もはや磨滅して容易に認めがたいが）とともに刻ませた長大な記念碑文である。この碑文には、かつて「敵」（アッシリアあるいはエジプト）が支配したレバノンの森林をネブカドネザルが軍事力をもって制圧し、杉材を伐採するルートを開き、レバノンの人々に平安をもたらしたと記されている。碑文中に明確な作成年代を示す記述はないが、碑文を校訂したR・ダ・リヴァは、ネブカドネザルの他の碑文がほとんど記さないバビロンの南と北に築かれた長城壁(八六頁参照)の建設にワディ・ブリッサ碑文が言及することに注目した。長城壁はネブカドネザル治世末期に完成したものであり、それに言及するワディ・ブリッサ碑文は、ネブカドネザルがレバノン山岳地域を長期間安定的に支配したのち、治世末に書かれたと推測している。

新バビロニア帝国の広域支配

新バビロニア時代の文書史料として圧倒的多数を占めるのは、神殿と個人の文書庫に由来する楔形文字アッカド語の行政・経済文書であり、数千点もの文書から、都市の中心たる神殿の行政と土地経営の諸相、富裕層の経済活動の詳細、ならびに自由市民と種々の半自由民と奴隷からなる社会構造がさかんに研究されてきた。こうした文書のなかには、王権が神殿行政をどのように管理したかについての情報も散見される。しかし、十九世紀末から二十世紀初頭にかけておこなわれたドイツ隊のネブカドネザル王宮の発掘で発見された文書の多くがいまだ完全に公刊されていないこともあり、国家経営の詳細を復元するこ

▼ナフル・エル・ケルブ　レバノンの首都ベイルートの北に位置する河川で、その河口部の岸壁に前十三世紀から近現代までの王や為政者によって彫られた二〇点の記念碑文と浮彫彫刻がみられる。古代の碑文にはエジプトのラメセス二世、アッシリアのエサルハドン、バビロニアのネブカドネザル二世のものが含まれる。

とは、なお容易でない(五五頁参照)。

ネブカドネザルの治世からは、レンガ・円筒・角柱・石板に書かれバビロニア諸都市の建築物の内部に埋設された大量の建築記念埋蔵碑文や、レバノンのナフル・エル・ケルブ▲やワディ・ブリッサの磨崖記念碑など、多くの記念碑文が知られている。これらの碑文は各地でおこなわれた建築事業の記念に書かれ、これによってネブカドネザルが、首都バビロンをはじめ、ボルシッパ、イシン、キシュ、ラルサ、マラド、シッパル、ウル、ウルク、ディルバド、クタなど南メソポタミアの主要都市において多数の建築事業をおこない、西方ではレバノンから地中海にいたるルートを開拓したことがわかる。

これらの王碑文は、バビロンの王たるネブカドネザルがバビロンのマルドゥク神殿(エサギル)とボルシッパのナブー神殿(エジダ)に敬意をはらう「エサギルとエジダの扶養者」(六六頁参照)であると同時に、「四方世界の王」であり、「上の海(地中海)から下の海(ペルシア湾)まで」のすべての地の統治者であることを主張する。しかし、軍事的・政治的事件についてはほとんど言及せず、王国の領土的広がりや行政について具体的事実を記すことも極めてまれである。

それでも、バビロンにおける主神殿のジッグラトであるエテメンアンキの建設を記念する円筒碑文は、建設事業に動員された労働者の出身地として多数の地名を列挙しており、以下のように、例外的な詳細さでネブカドネザルの王国の広がりを示している。

> (ジッグラト)エテメンアンキを建てるため、私は彼らに土かごを負わせた…(すなわち)ウル、ウルク、ラルサ、エリドゥ、クラブネメド・[ラグダ]、ウガル・[シン]、(すなわち)[下の海の地]すべて、上から下まで、ニップル、イシン、ララク、[ディルバド、マラド]、プクドゥの地、ビート・ダクリの地、ビート・アムカニの地、ビート・[シラニ]の地、ビラ[トゥ]の地、デール、アガデ、[ドゥル・シャルキン]、アラプハの地、ラヒルの地、[…の地]、アッカドの地とアッシリアすべて、[(ユーフラテス)河の向]こう側の王たち、ハッティの地の行政州の長たち、[上の海]から下の海まで、シュ[メルとアッカド]の地、アッシリア、[そのす]べて、上の海の中にある遠い地の王たち、ハッティ(すなわち)ユーフラテスの向こう側のすべての統治者たち、日の沈むところまで、私の主マルドゥク神

の言葉により私が支配を行使した者ども。私は、レバノンから頑丈な杉を私の町バビロンに運んだ。私の主人マルドゥクが私にたまわった広大な世界のすべての人民に、私はエテメンアンキを建てる仕事をおこなわせ、土かごを負わせた。

この記述によって示唆されるネブカドネザルの王国は、全メソポタミアとシリアを包含しており、おそらくメディアの統治領域に取りこまれたであろう東のザグロス山岳地帯とアルメニア山地を除けば、かつての新アッシリア帝国の支配領域をほぼすべて継承したものであったことがうかがえる。さらに、W・G・ランバートが「ネブカドネザル正義の王▲」と名づけた文書が描いている匿名の王がネブカドネザル二世であるなら、文書に言及されているフメ(キリキア)、ピリッドゥ、リディア(中央アナトリア)、エジプトが、ネブカドネザルの帝国が最終的に包含した領土の西端をあらわしていると考えられる。

▼**「ネブカドネザル正義の王」**　大英博物館に所蔵される大型の粘土板断片に記録されたアッカド語文書で、統治する国家における社会正義に心をくだき、法を整備する王を描く特異な作品。残存する粘土板断片上のテクストに王名はあらわれないが、W・G・ランバートは、ネブカドネザル二世を賛美する文書であると推測する。しかし、王をナボニドスと同定する見解もある。

④―新バビロニア王国の王宮組織と国家行政

王宮組織と国家行政に関するデータ

すでに強調したとおり、国家経営の中枢を担う王宮の内実と行政についてのデータは僅少だが、いくつかの重要な情報源が多少の情報を提供する。一つは、すでにふれたネブカドネザルの治世第七年（前五九八年）に書かれた王宮建設を記念する角柱碑文で、一般に「ネブカドネザルの宮廷暦（Hofkalender）」と呼ばれてきた。

この碑文は、通常の建築記念碑文と同様に建設事業の詳細を書いたのち、建設事業に（少なくとも名目上）従事した要人たちのリストを示している。この貴重なリストは、破損のため断片的ながら六〇人ほどの有力者の人名と職名を記録しており、ここからネブカドネザル二世時代の王国行政を俯瞰することができる。後述するように、リストはバビロンの宮廷官僚と官吏たち、バビロニア諸都市の知事たちとカルデア部族とアラム部族の部族長たち、大祭司たち、各都市におかれた王の代理人たち、行政州の長たち、ならびに（すでにふれた）フ

ネブカドネザルの角柱碑文（イスタンブル考古学博物館蔵）

エニキアとペリシテの属王たちを含んでいる。

宮廷行政のもう一つの情報源は、ネブカドネザルの南王宮(八〇頁参照)の一室から発見された三〇〇点ほどの粘土板文書群である。当初ベルリンとイラクに保管されたこの文書群の大半は現在イラクにあり、その一部は散逸して欧米の複数の博物館にはいった。全体の数十点が出版あるいは研究され、ネブカドネザルの治世第一〇年から第三五年までに書かれた文書群であることがわかっているが、多くはその内容が明らかにならないまま研究は停滞している。文書の内容は、食品(穀物・ナツメヤシ・ゴマ油など)の各地から王宮への納入とその再配分(配給)についての一見単調な記録であるが、そこから宮廷に関わる人々の人名・官職名、彼らが関係した物品のやりとり、人間関係を知ることができる。ここでは、主としてM・ユルサとP・A・ボリュの研究に依拠しつつ、先述の角柱碑文にそいながら、ネブカドネザルの王国の中枢を担った人々について概観する。角柱碑文の第三〜五欄に記録されたリストは、次のように始まる。

角柱碑文と宮廷官吏

彼（マルドゥク神）の崇高なる命により、（マルドゥク神の）御前に多くの貢物を運ばせ、人々が瞠目するわが住まいである王宮を建てるため、主マルドゥク神が私にお与えになった上の海から下の海までのすべての国々に、私は鋤（すき）を与え、レンガ（を運ぶ）荷負い籠をもたせ、私の家臣たちに労役を負わせた。―（すなわち）（人名記載なし）財務長官（*mašennum*）、ナブー・ゼール・イッディン―料理長（*rab nuhtimmu*）、ナブー・ゼール・イブニ―会計主任（*rab kāṣirī*）、エリブ・[…]―宮内長官（[*ša*] *pān ekalli*）、シン・アブ・ウツル―家令（*rab bīti*）、アトカル・アナ・マール・エサギル―親衛隊長（*bēl ṭābihī*）…（第三欄終わりから第四欄が破損）…イナ・キビート・ベール・アクシュド（官職名破損）、ベール・エリシュ―経理部長（*rab nikkassī*）、アルディヤ―後宮財務長官（*mašennum ša* É.MÍ.ŠA.É.GAL）、ベール・ウバッリト―後宮書記官（*tupšarru ša* É.MÍ.ŠA.É.GAL）、スィッラ―偵察隊長（*rab rēdi kibsi*）、ナブー・アフ・ウツル―騎兵隊長（*rab kallābi*）、ムシャッリム・マルドゥク（と）ナブー・ウシェブシ（と）エリブシュ―（各々）女官監督者（*rab amīlāti*)、ナブー・ベール・ウツル—女官監督者(*rab amīlāti*)、ナブー・ゼール・イッディン—献酌官(*šāqû*)、ネルガル・レツア—歌手の長(*rab zammārī*)、アルディ・ナブー—王子のアルファベト書記官(*sēpir ša mār šarri*)、エア・イッダンニ—家畜管理長(*rab būli*)、リムトゥ—家畜管理長(*rab būli*)、ナブー・マール・シャッリ・ウツル—船乗りの長(*rab mallāhī*)、ハヌヌ—王の主任商人(*rab tamkārī ša šarri*)……。

ユルサは、他の文書や「聖書」中にえられる状況証拠から、第三欄終わりから第四欄初めの破損部分には、おそらく、「高級廷臣長(*rab ša-rēši*)」と「戦車・騎兵長(*rab mugi*)」が、軍事関係者として「親衛隊長」に続いて言及されていたと推定する。また、その後には、「上級裁判官(*sartennu*)」「司法長官(*sukallu*)」「王の秘書官(*zazakku*)」も言及されていたと推測する。これらのリスト冒頭の官吏たちは王にもっとも近い宮廷官僚であり、諸都市の周辺にある王の農地からの収益と税収として農作物・家畜・銀を収集し、建設事業や公的事業に関わる労働者などを徴用した。さらに王家の財産や宮廷内の糧食分配や衣食住を管理し、王直属の軍事・警察部門・司法・行政に責任をもち、王による公的ビジネスを実践した。

玉座の間を中心として設計された巨大な王宮は、王族のためのスペース、廷臣・職人・技術者のためのスペース、捕虜や罪人を隔離する収容所、倉庫などを含み、先述の高級官吏たちの下で働く多くの人々を擁した。「サルの飼育係」「馬の飼育係」「ナツメヤシ・ビール醸造人」「ゴマ油搾油者」「アシ製品製作者」「香料調合者」「大工」「船乗り」「船大工」「染色工」「庭師」「見張り」「書記」「祈禱師」「歌手」など、さまざまな職務をもつ人々が居住していたことが、王宮文書庫とその他の文書庫のデータから追跡、あるいは推測できる。

また、これらの文書には異邦人への食品の配給に関わるものが含まれており、そこにはネブカドネザルによってエルサレムからバビロンに連れ去られたことが「聖書」に記されている、ユダ王ヨヤキン(四五頁参照)の名もあった。バビロンに捕囚されたヨヤキンが、ネブカドネザルの子エビル・メロダクが即位した年(前五六二年)に出獄を許され、日々の糧を王から支給されたとする「聖書」の「列王記」(〈下〉二五章二七〜三〇節)、「エレミヤ書」(五二章三一〜三四節)の記事を裏付ける同時代史料として、早くから注目されてきた。しかし、こうした言及はユダ王国にとどまらず、アシュケロンの王族、キリキア、リディア、イオニアのような小アジアやペルシアのような遠方の国々からの使者、ティルス、エジプト、ペルシア湾岸のディルムンからの何百という航海者、イオニア、ビブロス、エラム出身の大工や船大工、また、エラムや小アジアのような遠方からの歩兵部隊なども含まれており、当時のバビロンが国際的な帝国首都であったことを物語る。

「アッカドの地の有力者」と遠隔地の有力者

角柱碑文のリストの初めに言及される（さきに訳出した）王宮直属の官吏に続いて言及される人々は、「アッカドの地（バビロニア）の有力者」として別のグループとしてまとめられており、以下を含んでいる。すなわち、「海（の国）の知事（*šaknu*）」「シン・マギル」「トゥプリアシュの（知事）」「プクドゥの（知事）」「（ビート）・ダクリ族（代表）」「デールの祭司」「ガンブルムの（知事）」「スマンダル行政州の長（*bēl pīhati*）」「ビート・アムカニ族（代表）」「ザメの正知事」「ヤプティルの知事」（その後、第四欄終わりから第五欄初めの破損部分をはさんで)、ドゥル・ヤキン、マート・アカッル、ニミッド・ラグダ、クッラブ、ウダンヌム、ラルサ、キスィク、バクシュの「祭司」たち、さらに「(それらの?)都市の王の代理人(*qīpu*)」、「ドゥール行政州の長」、「[…] 行政州の長」、「[…] 行政州の長」、「[…] の王の代理人」、「[…] の王の代理人」、「[…] 行政州の長」、「ア[…] の(代表)」、「[…] の王の代理人」、「ニ[…] の王の代理人」である。

最後の行政州長官たちは、バビロニアの外の北メソポタミアやシリアを管轄地とする人物を含む可能性が高い。そして、これに続いて、ティルス、ガザ、シドン、アルワド、アシドド、ミル[…] の属国の王たちが記され、テクストは破損して終わる。

このリストの「シン・マギル」の名はネルガル・シャル・ウツル、「プクドゥの(知事)」の名はベール・シュム・イシュクンであり、これら二人の人物は、のちにネブカドネザルの子アメル・マルドゥクから王位を簒奪(さんだつ)することになるネリグリッサルとその父と同定されてきた。さらに、このネリグリッサル(ネルガル・シャル・ウツル)と王宮直属の官吏のリスト中の料理長ナブー・ゼール・イッディンは、ネブカドネザルのエルサレム征服に参加したバビロニアの将軍たちとして「聖書」の「エレミヤ書」(三九章)、「列王記」(〈下〉二五章)に言及される「指揮官」ネルガル・サル・エツェルと「料理長」(新共同訳は、「親衛隊長」)ネブザルアダンに同定できると考えられてきた。

行政組織にみる新アッシリアの影響

角柱碑文にみられる新バビロニア王国の行政組織のうち、王宮直属の高級官吏の官職名の多くは、新バビロニア王国以前のバビロニアに伝統的にみられる職名ではなく、新アッシリア帝国の宮廷官吏にみられる職名であり、新バビロニア王国の行政組織は、新アッシリアのそれをモデルとして再構成されたことがわかる。一方、新アッシリアの高級宮廷官吏が帝国の中枢部分に自ら管理する行政州をもっていたのに対して、新バビロニアの官吏たちは、そうした広大な管轄地域をもたなかった。

独立性の高い神殿都市と部族集団があわさってモザイク状に構成された、バビロニアの複合的で複雑な政治環境にあって、首都バビロンの外での事実上の権力は、有力都市の行政支配者、大祭司、中央政府の代理人に分有された。また、カルデア系部族とアラム系部族の居住地となっていたティグリス川東岸やバビロニア南部の辺境地域では、地域の有力者がバビロンの王権からかなり独立した権力を維持した。バビロニアの外側にはおそらく州行政地域が設けられ、その外側に朝貢国(属国)が存在したが、行政州分割の詳細については、残念ながらほとんどデータがない。ともあれ権力の分散傾向は、ネブカドネザル治世以降バビロンの王権が不安定になった一因であったと考えられる。

法文書・行政文書・書簡と新情報

新バビロニア時代の政治史・事件史を描くために有効な編年史料は多くはないため、政治史の克明な復元はしばしば困難だが、神殿と個人の文書庫に由来する法文書・行政経済文書・書簡などの史料は数千点から一万点におよぶ。これにより、新バビロニア王国の社会・経済・行政の諸相がさかんに研究されてきた。ここで社会経済史的問題に踏み込んで詳述する紙幅はないが、バビロニアの内外で発見された法文書・行政文書・書簡に散見されるデータにより、断

▼グザナ　シリア北東部、ハブル川上流にあった古代都市で現テル・ハラフ。前十世紀から前九世紀半ば頃には独立したアラム系国家の首都であったが、遅くとも前九世紀後半にはアッシリア王国の行政州になり、アッシリア衰退後は新バビロニアの支配領域に取りこまれた。

▼アレッポ　古代名ハラブ(現在のアラビア語名に同じ)。前三千年紀半ばにはすでにシリア北部の中心都市であり、現在にいたるまでその地方の中心都市として重要性を保ってきた。古代においては、嵐の神ハダド(別名アダド、テシュブ)の住まう聖地として知られた。

片的ながら当該期の帝国行政の理解が前進してきたことは記しておきたい。そうした例のいくつかにはすでにふれたが、ネブカドネザルの時代にバビロニアのみならずシリア東部のハブル川沿いのグザナ▲とドゥル・カトリンムや北西シリアのアレッポ▲、またフェニキア(現レバノンにあたる)のティルスにバビロニア人が居住し、広域の流通を担う商人たちも活動していたことが確認される。

新しい発見や研究のなかでも近年とりわけ注目を集めてきたのは、ユダ王国とその近隣の西セム系捕囚民とその末裔(まつえい)によって前五七二年から前四八三年のあいだに書かれた二〇〇点ほどの文書群である。盗掘により市場に出回った出土地不明のこれらの文書の半分以上が公刊されてきた。公刊された文書の一部は、バビロン郊外の町「アール・ヤフード(アッカド語で「ユダの町」)」に住むユダ捕囚民とその子孫と考えられる三世代の人々に由来し、彼らが関係した穀物を中心とする売買や一連の経済活動を記録している。大半はアケメネス朝期の文書だが、もっとも古いものはネブカドネザルの治世第三三年(前五七二年)の日付を記しており、エルサレムとその周辺からバビロニア軍により強制的にバビロニアに移住させられた世代の人々の活動を記録する。「ユダの町」は、

「聖書」にもバビロニアの史料にもあらわれるユダ王国の首都エルサレムの異名である。いわば、「(バビロニアの)エルサレム」を意味する名前をもつこの町は、バビロニアにおけるユダ出身者の主要な定住地の一つであったことがうかがえる(五〇頁のツッル=ティルスの場合も参照)。

こうした文書の存在は、新バビロニアの強制捕囚政策が被征服民のコミュニティを完全に解体することなく、村落地域にある程度それを存続させたことを示している。今後も新史料の発見と研究が、ネブカドネザルとその時代にどのような新しいデータをもたらすのか興味深い。

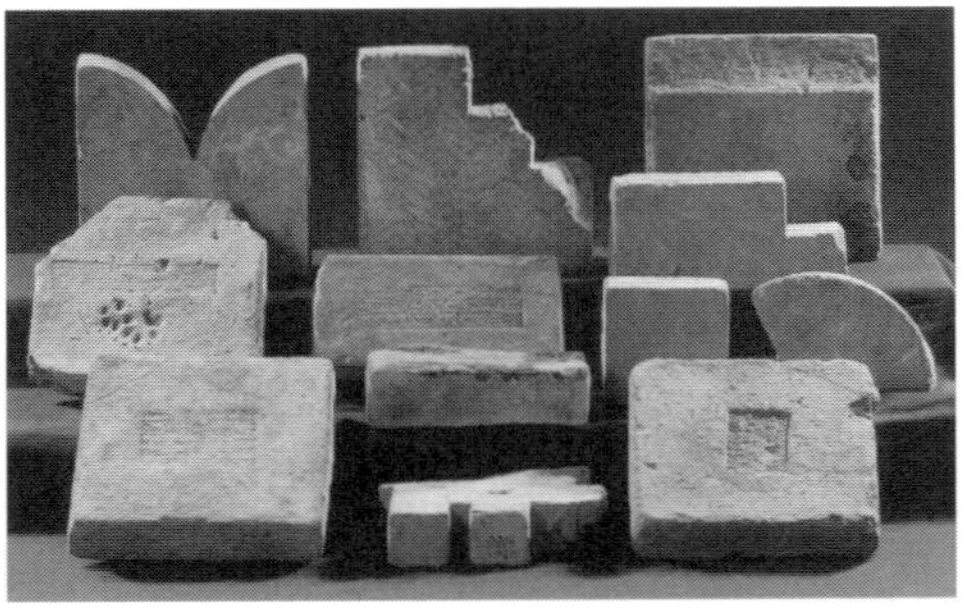

ネブカドネザルの円筒碑文（ルーヴル美術館蔵）**と焼成レンガ**（ベルリン西南アジア博物館蔵）

⑤―建設事業、祭儀とネブカドネザルの記憶

「エサギルとエジダの扶養者」

ネブカドネザルは、多くの建築事業のさいにそれを記念する碑文を粘土製の円筒やレンガなどに書かせ、建築物の底部や内部にうめさせた。こうした碑文と考古学的調査によって発見された遺構が、ネブカドネザルがバビロニアの諸都市（バビロン、ボルシッパ、イシン、キシュ、ラルサ、マラド、シッパル、ウル、ウルク、ディルバド、クタなど）でおこなった建設事業を物語っている。碑文には、ネブカドネザルの名とともに、王号・称号・系図が示され、建設の詳細が語られる。バビロンの行進道路の建設を記した円筒碑文の冒頭で、ネブカドネザルは次のように自己紹介している。

ナブー・クドゥリ・ウツル、バビロンの王、エサギルとエジダの扶養者、バビロンの王（であった）ナブー・アプラ・ウツル（＝ナボポラサル）の子（が）私（である）。

ここに含まれている称号「エサギルとエジダの扶養者」は、新バビロニア王国の王たちが彼らの碑文のなかでもっとも頻繁に示している称号である。エサギルはバビロンの主神マルドゥクの神殿、エジダはボルシッパにあるマルドゥクの子ナブー神の主神殿であり、新バビロニアの王たちにとって一対の最重要の神殿であった。

すでに述べたとおり(一三頁参照)、バビロンは前十八世紀のハンムラビの治世からメソポタミアの政治的中心として台頭し、以後二〇〇〇年におよぶ長期間、わずかな例外的期間を除いてつねにメソポタミアの政治的・経済的・宗教的中心であり続けた。その最大の繁栄期は、おそらく新バビロニア王国時代であったが、ヘレニズム時代(前三世紀初頭)にティグリス川沿いにセレウキア▲が建設されてメソポタミアにおけるバビロンの卓越性がそこなわれるまで、継続的にメソポタミアの中心都市として命脈を保った。楔形(くさびがた)文字文明の学知を継承するバビロンでの書記の活動は後一世紀まで続いた。

バビロニアの絶対的な政治的・宗教的中心として、「聖書」や古典史料に記されて長く後代に語り継がれたバビロンに対し、古典史料にほとんど言及されることもなく、「聖書」には一度もあらわれないボルシッパ(現ビルス・ニムル

▼セレウキア　アレクサンドロスの後継者セレウコス一世(前三五八〜前二八一)が、ティグリス川右岸に建設したヘレニズム都市。バグダードの南約三〇キロに位置する現テル・ウマル。

▼アン・タ・ガル　主としてニネヴェ出土の新アッシリア時代の複数の粘土板写本から復元されてきたメソポタミア伝統の語彙文書の一つ。少なくとも二一の粘土板からなり、シュメル語語彙とそれに対応するアッカド語語彙を並記しながら、多数の語彙グループを分類して表示する。

ド)は、楔形文字文明の消滅とともに忘れ去られ、十九世紀になって考古学的に再発見されて初めて古代都市の様相が明らかになった。ボルシッパは、新バビロニア時代以前にすでに編集されていた語彙文書「アン・タ・ガル▲」のなかで、すでに「第二のバビロン＝ボルシッパ」とされており、バビロンの南東約二〇キロに位置する。これは、両都市のあいだによく整備された道路あるいは「ボルシッパ運河(ナール・バルシプ)」をとおって一日で行き来できる距離であった。

ネブカドネザルの建設事業の最大の目標となったのも、バビロンとボルシッパであったが、バビロンには帝国首都にふさわしい防備と威容を付与すべく、とくに大きな配慮がはらわれた。父ナボポラサルは、バビロンの二重外壁であるネメッティ・エンリルとイムグル・エンリルやマルドゥク神殿複合体など、バビロンの主要な構築物の建設をすでに開始していたが、ネブカドネザルはこの事業を引き継ぎ、さらに強力に推進した。ネブカドネザルの碑文に直接言及されている構築物の名称には、神殿構築物としてはエテメンアンキ、エギサル、ニンマハ女神のエ・マハ、ニンカラク女神のエ・フルサグ・スィキラ、ハルーのナブー神のエ・ニッギダル・カラマ・スンマ、もう一つのナブー神殿が、また宗教施設以外の都市の構築物としては王宮倉庫、イムグル・エンリル市壁、南王宮、新王宮、王宮外壁、行進道路、リビル・レガッラ運河、複数の防御施設、イシュタル門が含まれる。以下では、考古学的・文献学的研究から明らかになった、新バビロニア時代のバビロンについてみていく。

バビロン発掘

古代メソポタミア世界でつちかわれた都市文化の粋を集めて建設された新バビロニア時代の都市バビロンの詳細は、一八九九年からドイツ東洋学協会(Deutsche Orient-Gesellschaft)によっておこなわれたバビロン発掘がもたらした考古学的データと、楔形文字文書史料の研究によって明らかにされた。

西欧の東洋植民地経営を背景に、すでに十九世紀初頭にはメソポタミア地域に西欧の調査隊が散発的に訪れるようになり、一八四〇年代にはフランスのP・E・ボッタ▲やイギリスのA・H・レヤード▲らによって、北メソポタミアのコルサバド、ニムルド、クユンジクなどにおける古代アッシリア諸都市の遺跡

▼ポール・エミール・ボッタ(一八〇二〜七〇)　フランスの知識人。一八四二年からオスマン帝国のモスル(現イラク)の執政官を務め、四三〜四五年に、前八世紀末に新アッシリア帝国の王都だったドゥル・シャルキン(現コルサバド)を発掘。新アッシリア帝国の考古遺物や美術品をパリのルーヴル美術館に送り、初めてヨーロッパ世界に広く知らしめた。

▼オーステン・ヘンリ・レヤード(一八一七〜九四)　イギリスの旅行家・考古学者・著作家・政治家。一八四五年、コンスタンティノープルのイギリス大使カンニング卿の支援をえて、ニムルド遺跡(古代のカルフ)を発掘。前九世紀から前八世紀後半までアッシリアの首都だったカルフの王宮跡を発見した。その後、アッシリア帝国最後の首都ニネヴェならびにバビロンなど、多くの遺跡を調査。イギリス帰国後は、外交官・政治家として活躍した。

発掘がおこなわれ、多くの考古学的資料が西欧世界に知られるようになった。また、大量に発見された粘土板や粘土製・石製モニュメントにより、楔形文字史料の研究・解読が急速に進展しはじめた。北メソポタミアにおいて調査が進展する一方で、バビロンとその周辺にも十九世紀までに調査を意図しての欧米からの訪問者はあった。しかし、北メソポタミアに比べ石材に乏しく、建築遺物がほとんどレンガのみでつくられていたバビロンの遺跡の本格的考古学的調査には、より繊細な発掘技術が必要であった。

そうしたなか、十九世紀も末になった一八九九年からドイツ東洋学協会が開始したバビロンの発掘は、当時としては極めて先進的な発掘調査であった。すでに一八八七年のメソポタミア南部スルグル（古代のニナあるいはニギン）およびアル・ヒバ（ラガシュ）の発掘において、日干しレンガの建物の痕跡を突きとめる経験を積んだR・コルデヴァイ▲は、一八九九〜一九一七年まで継続されたドイツ隊のバビロン発掘を指揮し、その優れた発掘調査はネブカドネザル二世時代のバビロンの神殿・宮殿や都市プランについて最重要のデータを提供した。この発掘ではのちにアッシリアの古都アッシュル発掘の指揮を執ることになる

▼**ロバート・コルデヴァイ**（一八五五〜一九二五） ドイツの考古学者。長期にわたるバビロン発掘で優れた成果をあげたほか、トルコ、ギリシア、イタリアで多くの考古学調査に従事した。

W・アンドレ▲が補佐役を務めて、発掘成果を記録した。アンドレは古代の都市プランや建築プランを復元したほか、現在ベルリンのペルガモン(西南アジア)博物館に展示されているバビロンのイシュタル門と行進道路の壁の復元にも貢献した。

▼ヴァルター・アンドレ(一八七五〜一九五六) ドイツの考古学者・建築家。一九〇三〜一四年にアッシュル発掘を指揮すると同時に、イラクでハトラ、シュルッパクなどの主要遺跡を発掘。そのほか、トルコ南東部アマヌス山脈の東麓に位置するサムアル(現ジンジルリ)の発掘でも成果をあげた。二八〜五一年には、ベルリンの西南アジア博物館の館長を務めた。

都市プランの復元と「ティンティル＝バビロン」

ネブカドネザル時代のバビロンの都市プランは、発掘によってえられた建築遺構についての考古学的データと、ネブカドネザルが建築業績を記念して市壁・城門・神殿・宮殿などの建築物の基礎や内部にうめた建築の詳細を記録する粘土製円筒などの多数の記念埋蔵文書によって復元される。これに加えて、とくに祭儀空間としてのバビロンの内情を知るのに参考とすべき文書として、一般に「地誌文書(topographical text)」と呼ばれ、バビロンの都市プランを記録する文書「ティンティル＝バビロン(tin.tir = *ba-bi-lu*)」が知られている。

「ティンティル＝バビロン」は、メソポタミアにおいて文書の冒頭の語句をもってその書名とした慣例に従い、その冒頭の語句「tin.tir = *ba-bi-lu*(ティン

地誌文書「ティンティル＝バビロン」の一部を記した粘土板(ベルリン西南アジア博物館蔵)

ティル〈シュメル語で「命の森(?)」すなわち〉バビロン)」によって、その名を呼ばれる。「ティンティル＝バビロン」は、前一千年紀のメソポタミアで広く流布していた文書であり、都市バビロンの多数の神聖なる儀礼的異称、そこに存在した神殿や祠(ほこら)・通り・門などの構築物の名称と異称を連綿と記録する。一般に「地誌文書」という世俗史料をイメージさせる名で呼ばれるものの、これらの文書の本来の目的は、都市そのものとそこに含まれる構築物の神聖なる詳細をさまざまな呼び名で網羅することによって、天地においてきわだった聖域としての都市バビロンを賛美することにあった。

「ティンティル＝バビロン」を多くの写本から再編集したA・R・ジョージはこの文書の成立を、エラムに略奪されたバビロンの主神マルドゥクの神像がバビロンに取り戻され、バビロンとマルドゥクのメソポタミア全土における神学的地位が顕著に上昇した前十二世紀頃に遡ると考える。いずれにせよ、ネブカドネザル二世は建築記念碑文(例えば後述する新王宮建設を報告する碑文)のなかで、マルドゥクの神殿コンプレックスや街路・運河などの位置を変更することは避けたと述べており、都市バビロンの中心部分のプランはおそらく古来のものが維持されたと考えられる。したがって、前六世紀のネブカドネザル二世の時代にも流布していた文書「ティンティル＝バビロン」に記された祭儀空間としての都市バビロンの賛美は、ネブカドネザル二世時代のバビロンのイメージをも伝えるものと考えて差し障りはないものと思われる。「ティンティル＝バビロン」の第一書板が神聖な「世界」の中心としてのバビロンを、さまざまな（シュメル語の）呼び名とそのアッカド語の説明（五一通り）で、どのように描いているかみてみよう。

ティンティル（すなわち）その上に名声と歓喜が恵まれたバビロン
ティンティル（すなわち）豊かさの住処たるバビロン
ティンティル（すなわち）命の住処たるバビロン
シュアンナ（すなわち）天の力たるバビロン
スィアンナ（すなわち）天の光たるバビロン
サアンナ（すなわち）天の結び目たるバビロン
サアンナ（すなわち）天に呼ばれしバビロン
ウル・スイグビ・ドゥブサッガ（すなわち）いにしえよりのレンガ造りの都

バビロン

ウル・スイッラ(すなわち)歓喜の都バビロン

ウル・メビ・カッラ(すなわち)その儀式が崇高である都バビロン

ウル・ビッルダビ・スフスフ(すなわち)その儀礼が選りすぐりである都バビロン

ウル・ルガル・ディンギレネ(すなわち)神々の王の都バビロン

ウル・グデ・アサッレ(すなわち)マルドゥクに呼ばれし都バビロン

ウル・ラビ・ヌギア(すなわち)その豊満がつきることのない都バビロン

ウル・グルシュ・ニドゥブ(すなわち)その男たちをおだやかに休ませる都バビロン

ウル・ニッギア・キアッガ(すなわち)真実を愛する都バビロン

ウル・ニッギア・スィサ(すなわち)真実と正義の都バビロン

ウル・ニゲリム・フルギグ(すなわち)邪悪なものを憎む都バビロン

ウル・ルクッラ(すなわち)重き者どもの都バビロン

ディンメ・クスィグ(すなわち)黄金の棒バビロン

エリドゥ（すなわち）好ましき都バビロン

カ・ディンギラ（すなわち）神々を集める入口バビロン

エシュキリ・タッバ・アンキ（すなわち）天地の手綱を握るバビロン

リリ・ニゲリム・バンダ・［…］（すなわち）敵の末裔を破壊するバビロン

ザハ・エリムグ・ニゲリ［ム…］（すなわち）すべての敵とかたきを殲滅するバビロン

カル・フラ（すなわち）不正を憎むバビロン

ナムシュドゥ・ムル・ズィズィ（すなわち）傲慢な者を完全たらしめぬバビロン

ドゥル・アサッレ（すなわち）［マルドゥク］の住処バビロン

ドゥル・アサラリムヌンナ（すなわち）アヌ、エンリル、エア▲の住処バビロン

ムド・ディンギル・サッガ（すなわち）神と［人］を創造するバビロン

アアッガ・メ・ズ（すなわち）儀礼と神託を知るバビロン

メ・ダガンビ・ウルウル（すなわち）あらゆる儀礼を集合するバビロン

▼アヌ、エンリル、エア　メソポタミアの伝統宗教における三柱の大神。アヌ（アッカド語。シュメル語のアンに由来）は天空神で、本来はウルクの主神であり、シュメル時代以来、古代パンテオンの最高神。エンリルは、そのシュメル語の綴りから「大気／風（リル）の主人（エン）」と解されるが、その主神殿の名「エ・クル（地の家）」が示唆するように大地の神であり、ニップルに主神殿があった。エア（アッカド語名。シュメル語名はエンキ）は地下の真水の大洋（シュメル語とアッカド語でそれぞれアブズ、アプスー）を管轄とする知恵をつかさどる神であり、エリドゥにその主神殿があった。多くの神々が、これら三神の親族や関係者として古代メソポタミアのパンテオンに位置づけられた。

エ・ク・ア（すなわち）［…］の入口の家バビロン
グッバ・ピリッガ（すなわち）王権を確立するバビロン
ウズサグ・アンキア（すなわち）天［地］の結び目バビロン
イギビ・イギガル・スクッダ（すなわち）それを見ることは［…］バビロン
イギビ・ドゥドゥ（すなわち）…［…］バビロン
［…］イギ・クラ（すなわち）山［々と地の偉容を写す（?）］バビロン
［バ］ルバル・ナムクズ（すなわち）知恵を広げるバビロン
［ムシ］ュ・リピシュベ・グヌンデア（すなわち）そこに国々の喧騒が絶えないバビロン
トゥ・イッル・シマッラ（すなわち）すべての生き物のために呪文が唱えられるバビロン
ディム・ムド・ズィ（すなわち）エンリルの創造物バビロン
ムル・グブ・シ・マダ（すなわち）地の命を確固たるものにするバビロン
ウル・ニグトゥク（すなわち）富裕の都バビロン
ウル・ウグビ・トゥクトゥク・ガッラ（すなわち）その住民が富に満ちたり

た都バビロン
ウル・フル・エゼン・グドゥグドゥ（すなわち）祭礼、歓喜と舞踊の都バビロン
ウル・ウグビ・エゼン・ザルザル（すなわち）その住民が絶えず祭礼を祝う都バビロン
ウル・ウバラ・スィッラ・ドゥハ（すなわち）とらえられた者を解放する特権都市バビロン
ウル・クガ（すなわち）聖なる都バビロン
ウル・ニッガッラ・ニッガ（すなわち）物品と財産の都バビロン
ディム・クルクッラ（すなわち）諸国の絆バビロン

ネブカドネザル時代のバビロン

ネブカドネザル二世は、父王ナボポラサルの事業を引き継ぎ、バビロンで多くの建築事業をおこなったが、バビロニアの宗教文化の絶対的核心であった都市バビロンの中心部分の基本構造は、前二千年紀から受け継がれた部分も少な

ベルリン西南アジア博物館に復元されたイシュタル門

くなかったと想像される。しかしネブカドネザルは、帝国首都としてのバビロンの威信を高めるべく、都市の多くの建造物に壮麗な改築をほどこし、都市の規模を拡大した。ネブカドネザル時代のバビロンは、周辺地区もあわせると一〇〇〇ヘクタールに迫り、五〇〇ヘクタールほどの都市の内域には一〇万人ほどの住民が住んでいたと考えられている。

市は、東側と南側に、南北・東西それぞれ五キロの「強い壁」と呼ばれる外壁をもち、その内側の都市中心部は、南北・東西二キロの二重の内壁にかこまれ、外側内壁はネメッティ・エンリル(「エンリル神の塁壁」)、内側内壁はイムグル・エンリル(「エンリル神が気に入られた」)と名づけられていた。ユーフラテス川の両岸にまたがり、二重の内壁にかこまれた都市中心部は、東岸に六つ、西岸に四つ、合計一〇の街区に分かれていた。川には長さ一二〇メートルの焼成レンガ造りの橋が架けられ、川の東西を町の中心部でつないでいた。城壁には、八つの門が設置され、一つの門(王の門)を除き、メソポタミアの神々の名によってイシュタル門、マルドゥク門、シャマシュ門、アダド門、エンリル門、ザババ門、ウラシュ門と名づけられた。

R・コルデヴァイ(?)によるエテメンアンキとマルドゥク神殿復元図(ベルリン、ドイツ・オリエント協会文庫蔵)

●―バビロンの都市プラン

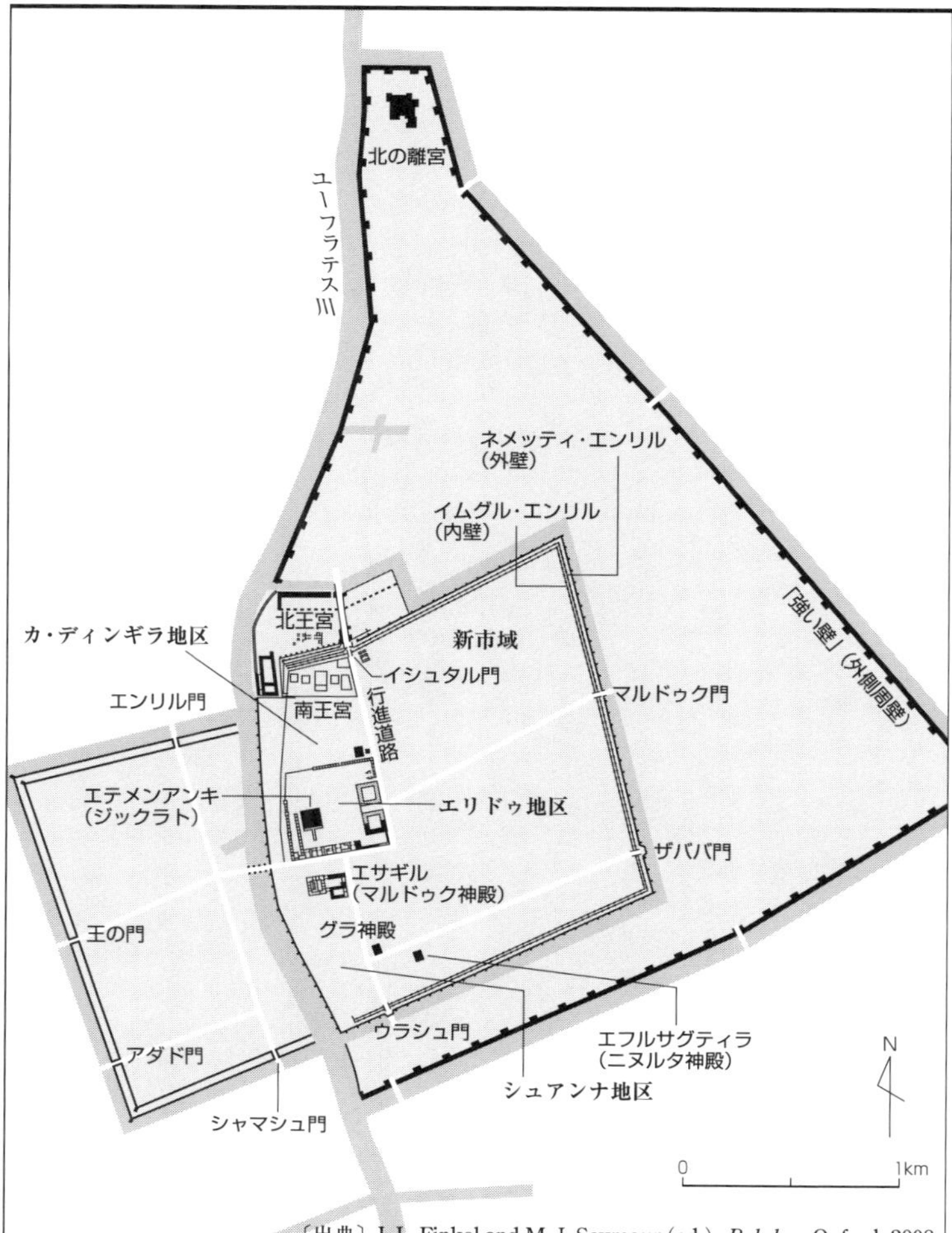

〔出典〕I. L. Finkel and M. J. Seymour (ed.), *Babylon*, Oxford, 2008

●―ジックラトを描いた円筒印章(ベルリン西南アジア博物館蔵)

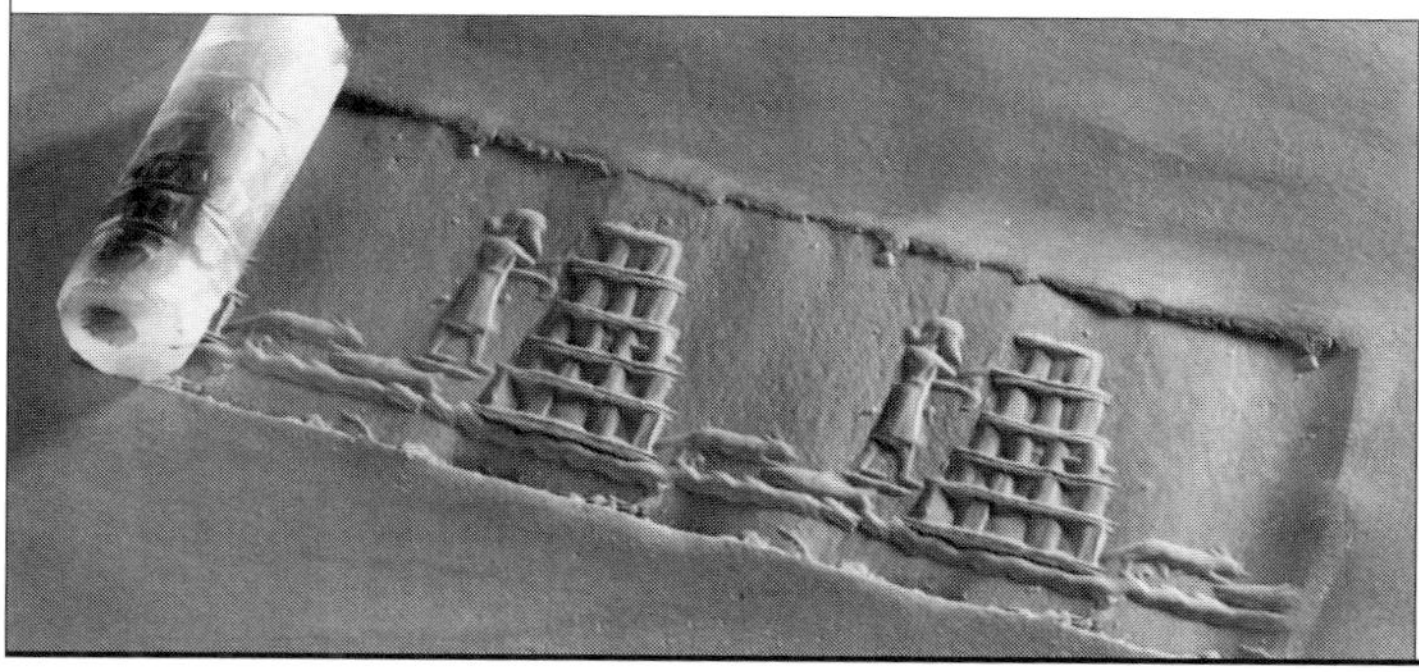

R・コルデヴァイによる王宮群復元図（ベルリン西南アジア博物館蔵）
二重の内壁をはさんで南王宮（図の上方）と北（新）王宮（下方）、ならびにイシュタル門（左）。

最重要地区は東岸の川に面した三地区で、それぞれ北から南へ、カ・ディンギラ地区、エリドゥ地区、シュアンナ地区と呼ばれ、エリドゥ地区にはマルドゥク神殿コンプレックスが、カ・ディンギラ地区には王宮があった。これら三地区の東側を、幅二〇メートルほどのマルドゥク神の行進道路がユーフラテス東岸に位置する市域を南北に貫くようにとおっていた。行進道路を北に向かい、二重の内壁をでるところに設けられた壮麗なイシュタル門は、往時のバビロンの繁栄を伝える建築物として、ベルリンのペルガモン博物館に復元されている。

市内には、四三もの主神殿があり、道路沿いには多数の祠や祭壇が設けられ、神々のシンボルがおかれていた。発掘によって確認された神殿は八つ程度であるが、なかでも最重要の神殿は、バビロンの主神にして当時のメソポタミア・パンテオンの至高の神とされたマルドゥクの神殿エサギルである。その神殿コンプレックスは総面積八〇〇〇平方メートルにおよび、付属のジックラト（塔）であるエテメンアンキ（「天地の礎の家」）は七層からなり、高さ九〇メートルに達したと推定されている。

帝国行政の中心としての王宮群はユーフラテス川東岸の町の北部に位置し、

市壁の内側に南王宮があり、市壁をまたぐように北王宮が町の外側に向けて建てられていた。都市の中心部に位置し内壁と一体になったこれらの主要王宮群に加え、さらに内壁のはるか二キロ北に外壁「強い壁」に隣接して、北の離宮が築かれた。ネブカドネザルが王碑文中で「人々が瞠目するわが住まい」と呼ぶ南王宮は、父王ナボポラサル時代には再建されており、ネブカドネザルはこれを引き継ぎ、さらに壮麗なものに拡張した。四方の壁の長さがそれぞれ二〇〇メートル、三一〇メートル、一二〇メートル、二七〇メートルもあり、五つの中庭をもつこの巨大な南王宮には、執務の中心となった王座の間と接見の間があり、王の一族や宮廷人が居住していたものと思われる。宮殿の一室からは、先述したネブカドネザル治世の日付の記された約三〇〇点の行政経済文書が発見されている。

　新王宮としてネブカドネザルが南王宮に隣接して建てた北王宮は、完全に発掘されていないが、杉の木材や金、銀、象牙、ラピスラズリなどを用いた壮麗なものであったことがネブカドネザルの建築記念碑文からしのばれる。碑文は、以下のように記す。

▼アンマ　長さの単位で、指から肘の長さに相当し、約五〇センチ。アンマはヘブライ語で、対応するアッカド語は「アンマトゥ」だが、ここでは「聖書」の用語に従う欧米語訳同様に「アンマ」とした。

バビロンにおけるわが王権のための住処はもはや不十分なものになっていた。（しかし）わが主マルドゥクを恐れる気持ちが心にあったため、彼（マルドゥク）のために取りおかれた都市バビロンにおいて、わが王権の座を拡大するために、彼（マルドゥク）の街路を変更したり、彼の聖所を取り除いたり、その運河をせき止めたりすることはしなかった。私は、広く住処（となる場所）を探し、戦いの矢がバビロンの内壁イムグル・エンリルに達するのを避けるべく、バビロンの外壁ネメッティ・エンリルにそった外側の（一辺が）四九〇アンマ▲の土地に瀝青と焼成レンガによる二つの防護の堀と山のような壁を築き、そのあいだに焼成レンガの構築物を設け、その頂に瀝青と焼成レンガでわが王権の座として大いなる住処を建設し、それをわが父の宮殿に増し加えた。

新王宮の建築期（ネブカドネザルの治世第一八〜二八年頃）に書かれたウルクのエアンナ神殿の文書庫由来の四〇点ほどの行政文書は、エアンナ神殿がバビロンの王宮建設のための労働を王から割り当てられたことを示している。これらの文書によれば、エアンナ神殿は神殿所属の労働者に加え、追加の労働者を雇

●ボルシッパ(上)とドゥル・シャルキン(下)の都市プラン

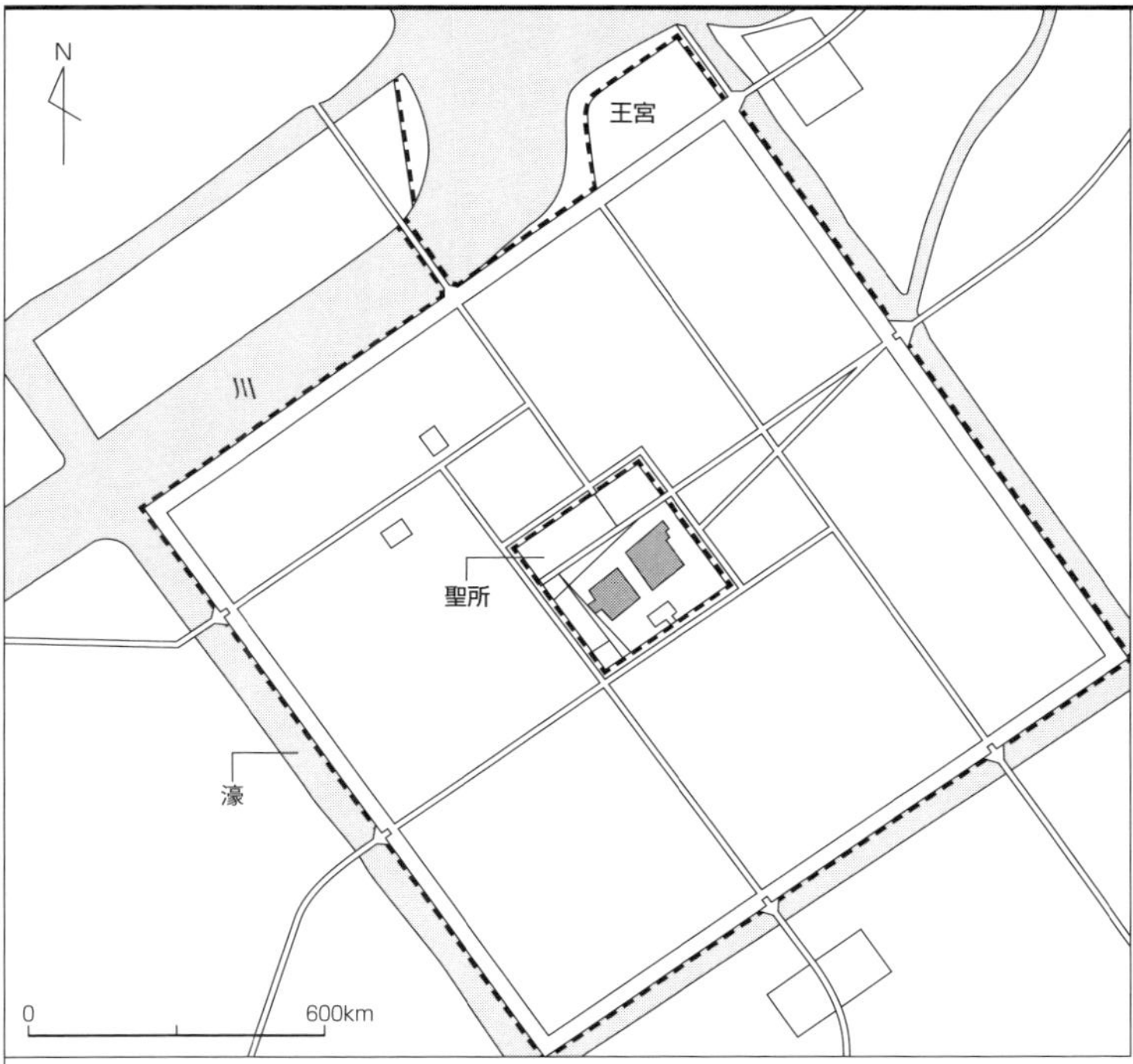

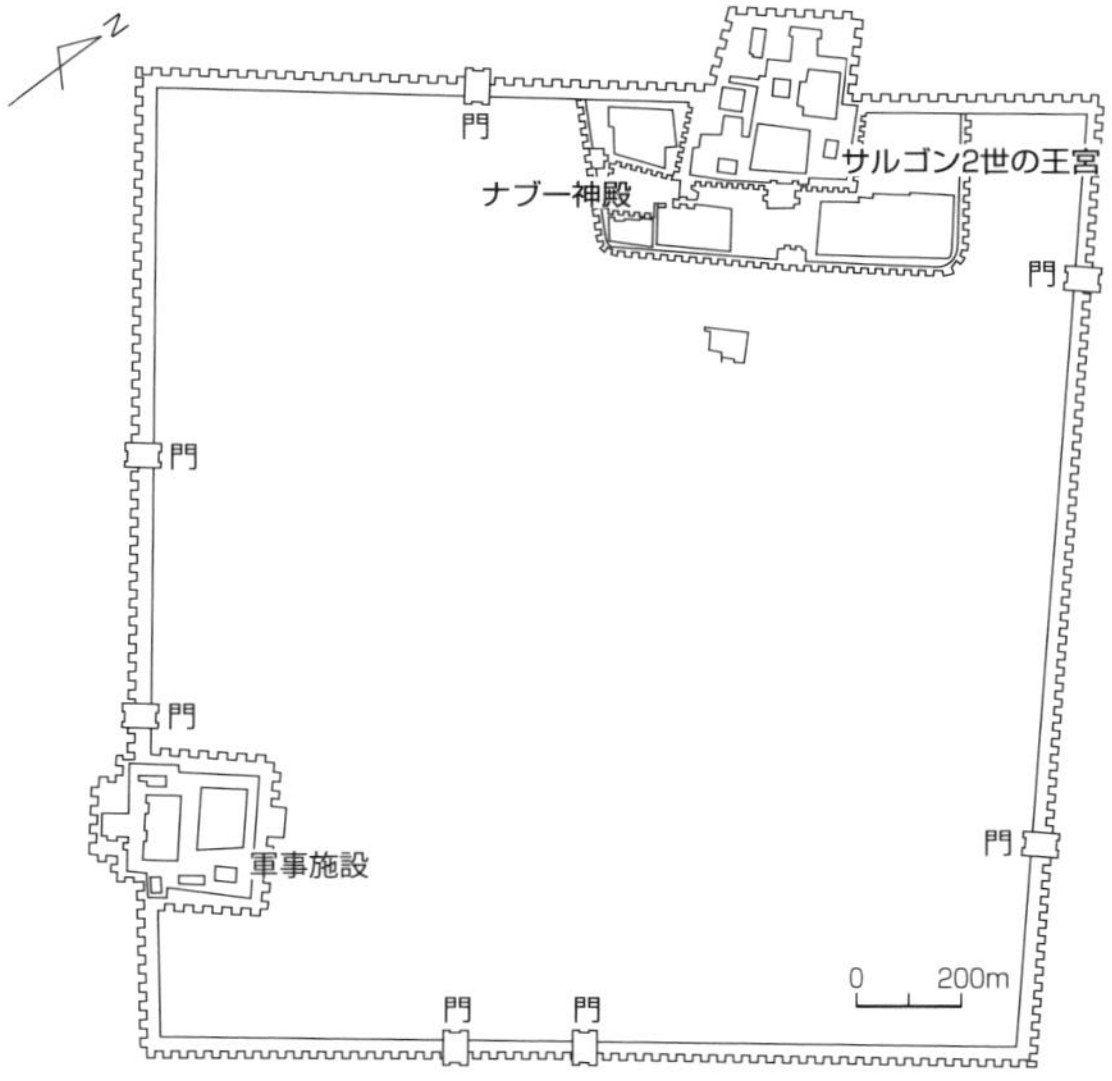

〔出典〕上下ともM. Van De Mieroop, *The Ancient Mesopotamian City*, New York, 1997

い、何十万というレンガをつくり、さまざまな建築作業を請け負った。ネブカドネザルの建築記念碑文は、王宮建設のために帝国全土から労働力が集められたと記している。ウルクの文書のデータを新バビロニア帝国全体に敷衍（ふえん）して考えると、地中海からザグロスとペルシア湾までの広大な地域から徴用された労働力の膨大さがうかがえる。

都市プランの特徴

地下水面が高く敷地面積も広大なバビロンでは、地下深くに位置する前二千年紀の遺構はほとんど調査できていない。そのため、バビロンがその歴史をつうじてどのように都市プランを変化させたのかを通時的に解明することは難しい。しかし、ネブカドネザル時代のバビロンの四角い都市プランと、市壁をまたいで高くもられた土台の上に要塞のように小高く築かれた巨大な王宮は、従来のバビロニア都市の姿とは異なるものであったと考えられる。前三千年紀から前二千年紀のバビロニアの諸都市は市域が円形または不規則に広がり、王国首都の場合は、巨大な神殿と比較的小さな宮殿が隣接して、市域の中心に位置する傾向がある。バビロンにおいて、巨大なマルドゥク神殿が都市の中心に位置する点は、この伝統にそっていると考えられる。しかし、市壁にそった大規模な要塞状の王宮と四角い都市プランは、従来のバビロニアの伝統とはかけ離れている。四角い都市プランは、バビロンとその姉妹都市でありマルドゥク神の子ナブー神の主神殿エジダのあるボルシッパに特徴的であり、このことはバビロンとボルシッパが、前一千年紀になって計画的に再建されたことを反映しているものと思われる。

　四角い都市プランと市壁にそって築かれた巨大な宮殿は、前九世紀から前八世紀に建てられたアッシリアの新首都カルフ▲やドゥル・シャルキン▲に典型的なものである。前八世紀末からアッシリアの支配を受け、その後、シリア・メソポタミアの地にまたがる帝国を引き継いだバビロニアの首都バビロンの構造には、アッシリア型の都市プランが導入された可能性が高い。新バビロニア時代のバビロンは、中央に都市の主神の大神殿を擁する点で南メソポタミアの神殿都市の伝統を受け継ぎながら、強力な王権の座である大規模な王宮と四角い都市プランのアッシリア型帝国首都のプランの融合、すなわち伝統と革新の二重

▼カルフ　新アッシリア帝国の中心都市で、前九世紀半ばから前八世紀末まで首都。イラク北東部ティグリス川の東側、モスルの南方約三〇キロに位置する。現ニムルド遺跡。

▼ドゥル・シャルキン　新アッシリア帝国の新首都としてサルゴン二世(在位前七二一〜前七〇五)によって建設された王都。その名は「サルゴンの要塞」の意。モスルの北東約一二キロに位置する現コルサバド。サルゴン二世がアナトリアで戦死したのち、首都はドゥル・シャルキンからニネヴェ(一二六頁参照)に移された。

性のうえに形成されたものと考えられる。

長城壁とバビロンの吊り庭

首都バビロンの防備に関してさらに特筆すべきは、ネブカドネザルがバビロンとシッパル出土の円筒碑文およびレバノンのワディ・ブリッサとナフル・エル・ケルブの磨崖碑文に記している二つの長城壁の建設である。南側の長城壁はバビロンからカル・ネルガルにかけて、北側の長城壁はシッパルからティグリス川にかけて、それぞれ東西に横断するように築かれ、これによって都市バビロンはその南と北を長城壁で、東と西をティグリスとユーフラテスの大河川で四角にかこまれて防備されていた。南の壁の長さは、四と三分の二ベール（約五〇・三キロ）、北の壁は五ベール（約五四キロ）あったという。遺構の破壊が激しい地域に位置する南の壁は考古学的に確認されていないが、北の壁の痕跡はネブカドネザルのレンガ碑文とともに発見されている。

バビロンの構築物のうち、ストラボン▲やベロスス（ヨセフス作品中の引用）といった古典著述家たちが、市壁とともに驚嘆すべき構築物として記録を残して

▼**ストラボン**（前六四～後二一四頃）
地理学者・哲学者・歴史家。小アジア北部のアマセイア出身で、のちにはローマにも滞在した。広く地中海沿岸地域とその周辺を旅行し、全一七巻からなる『地誌』（ギリシア語）を著した。

きたものに、吊り庭があげられる。例えばストラボンは『地誌』のなかで、その上を四頭立てのチャリオットが走ることのできる巨大な市壁とともに、バビロンの吊り庭を世界の七不思議に数えている。ストラボンによれば、吊り庭の各辺は四プレトラ(約一二〇メートル)もあり、多数のアーチ状の構築物に支えられた階段状テラスにスクリュー状設備で河川から揚水し、豊かな樹木が植えられていたという。

ところが、そうした庭園をネブカドネザルが建設していた証拠は、多数あるネブカドネザルの建築碑文には存在せず、考古学的にも証明されていない。メソポタミアの主要都市に庭園が設けられていたという記述は散見されるから、バビロンの宮殿に付属した豪華な庭園が設けられていた可能性も皆無とはいえない。それでも、新アッシリアの首都ニネヴェのテラス状庭園には、同時代の文書と浮彫芸術に十分な証拠があることを考えると、それが誤ってバビロンの威容を伝える伝承と混同され、バビロンの吊り庭伝説になったとするS・デリーの仮説が、この問題の正しい解答であるのかもしれない。

庭園を描くニネヴェのセンナケリブ王宮浮彫(大英博物館蔵)

バビロンの新年祭

　バビロンでおこなわれた多くの祭礼のなかでも、春の新年、ニサン月に祝われたアキトゥ祭▲はもっとも盛大なものであり、祭儀空間としてのバビロンの諸相を雄弁に物語るイベントであった。この新年祭が前二千年紀からバビロンにおいて連綿とおこなわれていたことは、多数の断片的なデータから知られており、疑う余地がない。一二日間におよんだ祭りのしだいのうち第二日から第五日までの祭礼は、セレウコス朝期のウルクで書かれた粘土板文書にその詳細が記されており、残りの日々の祭礼の詳細は、祭儀注釈書・王碑文・経済文書・神話文書・書簡などにみられるデータから推測されてきた。祭礼が伝統にのっとって断絶なく継承されていった可能性が高いことを前提に、新バビロニア時代に盛大に執りおこなわれたであろう祭礼の内容はおおよそ以下のように復元される。

▼**アキトゥ祭**　語としての「アキトゥ」の意味は不明だが、「新年」を意味するわけではなく、「アキトゥ」と呼ばれる祭礼はさまざまな月に異なる神に対しておこなわれた。例えば前二十一世紀のウル第三王朝には、ウル市の主神である月神ナンナを祭神に、とくに春と秋の大麦の収穫と蒔種の季節に祝われたことが知られている。

祭礼の開始と「エヌマ・エリシュ」

　ニサン月の始まりとともに大祭司がエサギル神殿で祈禱するなどの準備期間

をへて、ニサン月第四日に大祭司がマルドゥク神(ベール「主人」と呼ばれる)とその妻ザルパニートゥ女神(ベールティア「女主人」)に祈りを唱え、エサギル神殿を祝福し、マルドゥク神像の前で「エヌマ・エリシュ」を朗誦することで、祭礼が本格的な幕を開ける。

「上では天が命名されず、下では地がその名を呼ばれなかった時」で始まる詩文の冒頭の句「エヌマ(時)・エリシュ(上で)」を作品名とするこの神話は、マルドゥク神による天地創造とバビロン建設を記念する。新旧両世代の神々の戦いのなかで、マルドゥクが勝利の暁には新世代の神々の王となることを条件に、旧世代の神々最強のティアマト(海)と戦い、成敗したこと、その後マルドゥクがティアマトの体を引き裂いてそれをもって天地を創造し、天地の中心たる都市バビロンを築いたことを物語る。

作品は、マルドゥクが正式に神々の王と認められ、神々がマルドゥクに敬意を表して彼を五〇の名前で呼んで賛美することで終わる。最後の名前「諸国の主」は、シュメル初期王朝時代▲以来、メソポタミアの神々の世界で頂点にあったニップル市のエンリル神の称号であり、マルドゥクが従来の王エンリルにか

▼シュメル初期王朝時代　メソポタミア南部において、都市が発生し、都市型文明が拡散・発展する段階とされるウルク期(前四千年紀)とジェムデト・ナスル期(前三一〇〇～前二九〇〇年)に続く時代で、前二九〇〇～前二三三五年頃にあたる。この時代、メソポタミア南部には複数の都市王権が発生し、それがたがいに境を接して合従連衡を繰り返すうちに、複数の都市を含む広域を支配する領土国家が誕生した。この時代に由来する文書は主としてシュメル語で記され、シュメル語を母語とした南メソポタミアの住民がシュメル人と呼ばれてきた。

わってその王位を継承したことを示している。こうして、「エヌマ・エリシュ」は、メソポタミア世界におけるマルドゥク神とその都市バビロンのゆるがぬ優越性を主張する神話として書かれ、ネブカドネザルの時代にあっては、新バビロニア帝国の首都として栄えるバビロンとその主神マルドゥクの栄光をたたえて新年祭の神学的意義を宣言するものであった。

神々の集合と祭礼

ニサン月第五日には、大祭司の祈禱と祭司たちや祭儀歌手の儀礼に続いて神殿の清めがおこなわれ、マルドゥク神の子ナブー神の神像がボルシッパから船に乗ってバビロンに到着した。ナブー神の到着と同時に、王が初めて儀式に登場した。王がエサギル神殿にはいると、マルドゥク神のいる神殿の内陣から大祭司があらわれ、王から王権を象徴する三種の宝器と王冠を取り上げてマルドゥク神の前に運んだあと、王の耳をつかんで王を地面にひざまずかせる。王は、マルドゥクの神権をないがしろにせずバビロンとその民を軽んじなかったことを誓い、マルドゥク神への服従を表現した。大祭司はこれに答え、王の地位を保証するマルドゥク神の好意的な神託を告げる。祭司が王に宝器と王冠をもどし、王の頬を強く打つと、王は涙を流した。これはマルドゥク神が満足したしるしであるとされた。こうして王は、儀礼において一度ただの人に帰り、真の支配者たるマルドゥク神の権威のもと、王の地位へともどされた。

第六日には、前日にボルシッパからバビロンに到着してバビロンのエジダ神殿に滞在していたマルドゥクの子ナブーの神像が、ニヌルタ▲神の神殿エフルサグティラをへてエサギル神殿にはいり、マルドゥク神像に合流した。アヌ、エンリル、エア、シャマシュ▲、ニヌルタといったその他の大神たちの像もそれぞれの神の主神殿のあるバビロニア諸都市からバビロンに到着する。

第七日には、祭礼に備えて神々の着替えがおこなわれ、翌第八日、すべての神々の像がエサギル神殿内のウブシュキンナと呼ばれる集会の間に集まり、神々の王マルドゥク神を中心として新年の(良い)運命を定める。その様子をネブカドネザル二世の王碑文は、次のように描写する。

年の初めの新年祭の折、(ニサン月)八日と一一日に、ルガル・ディンメル・アンキア(「天地の神々の王」＝マルドゥク神)が「運命の台座」におつきに

▼ニヌルタ神　エンリル神の子にして後継者で、ニップルに由来する英雄神。その名はシュメル語で「大地の主」を意味する。農耕と豊穣の守護神であるとともに、石材や金属をつかさどる神でもあった。

▼シャマシュ　太陽神で、シッパルとラルサのエバッバラ神殿が主神殿。シャマシュはアッカド語名で、シュメル語ではウトゥ。日中は太陽として天空を移動しながら地上を照らし、日没後は地下の冥界にとどまった。世界のできごとをあまねく知る、正義をつかさどる神。

なった。天と地の神々が彼(マルドゥク神)に敬意を表し、その御前にひざまずいて、永続する日々を私の運命としてお定めになった。

この神々の集会のあと、(同日中か翌日に)祭礼の頂点ともいうべき神々の像による行進がおこなわれた。マルドゥク神とその妻ザルパニートゥ女神を先頭に進む行進は、市の中心を通る行進道路を通過し、イシュタル門をでて、市壁の外の「アキトゥの館」に向かった。祭司たち、儀礼音楽家、踊り手、歌手たちがバビロンをたたえる音楽とともに神々のあとに続き、官吏や都市の名士たちもおそらくこの行進に連なった。行進のさい、王はマルドゥク像を先導し、神と王との良好な関係がバビロンの人々に誇示された。行進は城外でユーフラテス川に達し、神々の像は船に乗って城外北方に設けられた「アキトゥの館」へと運ばれた。

その後の祭りの詳細は、ほとんど明らかでないが、「アキトゥの館」で、神々への貢物が捧げられ、祈りが唱えられ、饗宴が催されるなど、三日間にわたり一連の行事がおこなわれた。このなかで、マルドゥク神のティアマトに対する勝利を神々が目撃する演劇が催されたのではないかと、W・G・ランバー

サダム・フセイン時代に復元されたバビロンの行進道路

トは推測している。第一一日に神々はエサギル神殿にもどった。そこで、神々による二度目の運命の託宣がおこなわれ、翌第一二日には、ナブーをはじめとする神々がそれぞれの都市へと帰途について、祭りは終焉をむかえた。

新バビロニア王国の終焉とネブカドネザルの記憶

ネブカドネザル二世の治世がどのように終わったのかは明らかでない。彼の死後、バビロンの王位は長子アメル・マルドゥクに継承されたものの、宮廷内に反乱が起こって、その治世は二年間の短期で終わり、ネブカドネザル直系の王統はとだえた。その後頻繁な王の交代を経験しながらも、王位につく者はネブカドネザルの一族との婚姻をとおして、その血脈をある程度継承し、新バビロニア王国はなおしばらく命脈を保った。しかし、異端的な月神崇拝を断行し、一〇年もの長期間バビロンを離れ、アラビア半島北西部のオアシス都市テイマ▲に滞在するという不可解な行動をとった新バビロニア王国最後の王ナボニドスは、バビロンの支配層の支持を失った。

前五三九年、ついにアケメネス朝ペルシアのキュロス二世(大王。在位前五五

▼**テイマ**　現在のサウジ・アラビア西部、メディナとジャウフのあいだに位置し、メソポタミアとレヴァントを結ぶルート上に位置したオアシス都市。すでに前三千年紀から楔形文字文書に言及され、前八世紀にはメソポタミアの大国アッシリアに朝貢した都市としてアッシリアの文書中に言及される。ナボニドスはテイマとその周辺のアラブ系住民を駆逐して、テイマに宮殿を築き、一〇年にわたってこの都市に住み、周辺を支配した。

九〜前五三〇)がバビロンに無血で入城した。こうして、ネブカドネザル二世の没後わずか二四年で、新バビロニア王国は終焉をむかえた。新バビロニア王国が支配したシリア・メソポタミアがアケメネス朝ペルシアの帝国支配に服したのち、しばらくして前五二二年〜前五二一年に複数の僭主が帝国各地でダレイオス一世(在位前五二二〜前四八六)に対してあいついで反旗を翻した。これらの反乱者のうちバビロニアで反乱を起こした二人の人物は、ベヒストゥーン碑文▲が記すように、自らの異名として「ネブカドネザル」(三世、四世)を名乗った。このことは、その名によって人々の共感をえることが期待されるほどに、ネブカドネザル二世は理想のバビロン王として記憶されていたことを物語る。

現代においてさえ、二〇〇三年のイラク戦争における敗北を受け失脚し、のちに処刑されたサダム・フセイン▲が、イラク共和国大統領として多様な民族・部族・宗派からなるイラクを統一し、西アジアに盟主として君臨する為政者の表象として、ネブカドネザル二世とバビロンを用いたことは記憶に新しい。自らを西アジア世界の卓越した歴史的為政者にして、ユダ王国の征服者でもあるネブカドネザルの生まれ変わりと称したサダム・フセインは、バビロンの遺跡

▼ベヒストゥーン碑文　ダレイオス一世が、イランのケルマンシャーの東方約三〇キロに位置するベヒストゥーンの磨崖に彫らせた戦勝記念碑文。ダレイオス王と屈服した反乱者たちを描いた浅浮彫とともに、古代ペルシア語、アッカド語、エラム語の三言語で即位の宣言ならびに即位後の反乱鎮圧を記録する。

▼サダム・フセイン(一九三七〜二〇〇六)　イラク共和国の第五代大統領(在任一九七九〜二〇〇三)。イスラム革命後のイランと対立してイラン・イラク戦争(一九八〇〜八八年)を戦ったのち、クウェート侵攻ならびに湾岸戦争をつうじて国際社会から孤立した。二〇〇三年にアメリカ軍の主導する軍事攻撃を受けて、フセイン政権は崩壊した。その後、逃亡生活を続けるも十二月には拘束され、死刑判決を受けて〇六年十二月に処刑された。

の入り口に自分とネブカドネザルの肖像画を設置し、バビロンの遺構を復元し、遺跡の向かいの丘には自らの宮殿を建設した。

ネブカドネザル二世の実像は、その時代のバビロニアの歴史と文化とともに、今後も学問的見地からより詳細かつ正確に解明されていくものと期待される。その一方で、「神の僕(しもべ)」「神の剣」として、不可思議で瞠目すべき力をもつ者の表象としての神話的ネブカドネザルも、時と空間の移り変わりのなかで、形を変えながら記憶されていくだろう。

サダム・フセインとイシュタル門を描くイラク共和国の紙幣

新バビロニア時代

西暦	おもな事項
前 626	ナボポラサル，バビロンで即位。新バビロニア王国創始
前 614	アッシリアの古都アッシュル陥落
前 612	アッシリアの首都ニネヴェ陥落
前 610	アッシリア最後の拠点ハラン陥落。アッシリア帝国の滅亡
前 605	バビロニアの皇太子ネブカドネザル，カルケミシュでエジプトのファラオ・ネコと会戦，さらに南進してハマテ地域を制圧。ナボポラサル没。ネブカドネザル，シリアから急遽帰国してバビロンで即位。ネブカドネザル（2 世）の治世始まる
前 604	ネブカドネザル，はじめて王としてバビロンの新年祭に参加。シリア・パレスチナへの数次にわたる軍事遠征（アシュケロン占領，エジプト軍と衝突）（～前 601）
前 599	シリア・パレスチナ遠征（～前 597）
前 598	エルサレム包囲。第 1 次バビロン捕囚
前 596	エラム遠征
前 595	シリア遠征（～前 594）
前 588	ユダ王国攻撃，エルサレム包囲（～前 586）
前 586	エルサレム陥落，ユダ王国滅亡。第 2 次バビロン捕囚
前 585	ティルス包囲（～前 573 頃）
前 583	バビロン新王宮（北王宮）建設（～前 572）
前 572	バビロン近郊のユダヤ人居住地由来のアール・ヤフード文書の作成（～前 483）
前 562	ネブカドネザル 2 世死去，ネブカドネザルの子アメル・マルドゥクの治世（～前 560）
前 560	ネリグリッサル，反乱によりアメル・マルドゥクの王位を簒奪
前 556	ネリグリッサル死去，その子ラバシ・マルドゥクが即位するも 3 カ月後，ナボニドスが王位を簒奪して即位
前 547	ナボニドス，バビロンを留守にし，アラビアのテイマに滞在（～前 539）
前 539	アケメネス朝ペルシアのキュロス 2 世（大王），バビロンに無血入城，新バビロニア王国の終焉

参考文献

アンドレ＝サルヴィニ，ベアトリス(斎藤かぐみ訳)『バビロン』白水社，2005年

鵜木元尋「帝国の時代２：前一千年紀，新バビロニア・アケメネス朝時代」前田徹ほか『歴史学の現在 古代オリエント』山川出版社，2000年，139〜159，199〜204頁

杉江拓磨「『ウルク予言』裏面8行の五つのKIMINをめぐって」『オリエント』第58巻第1号(2015)，70〜81頁

三津間康幸「バビロン――天空を仰ぎ見る学知の都市」本村凌二編著『ローマ帝国と地中海文明を歩く』講談社，2013年，357〜375頁

Beaulieu, P. -A., "Ba'u-asītu and Kaššaya, Daughters of Nebuchadnezzar II," *Orientalia* 67(1998), pp. 173-201.

Beaulieu, P. -A., "Ea-dayān, Governor of the Sealand, and Other Dignitaries of the Neo-Babylonian Empire," *Journal of Cuneiform Studies* 54(2002), pp. 99-123.

Beaulieu, P. -A. "Eanna's Contribution to the Building of the North Palace in Babylon," in: J. D. Baker and M. Jursa(eds.), *Approaching the Babylonian Economy, Proceedings of the START Project Symposium Held in Vienna, 1-3 July 2004*, AOAT 330, Münster, 2005, pp. 45-74.

Beaulieu, P. -A., "Nebuchadnezzar's Babylon as World Capital," *The Canadian Society for Mesopotamian Studies* 3(2008), pp. 5-12.

Bidmead, J., *The Akītu Festival: Religious Continuity and Royal Legitimation in Mesopotamia*, Piscataway, NJ, 2002.

Brinkman, J. A., *Prelude to Empire: Babylonian Society and Politics, 747-626 B.C.*, Philadelphia, 1984.

Czichon, R. M., "Nebukadnezar II. B. Archäologisch," *Reallexikon der Assyriologie* 9, Berlin / New York, 1998-2001, pp. 201-206.

Da Riva, R., *The Neo-Babylonian Royal Inscriptions: An Introduction*, Guides to the Mesopotamian Textual Record 4, Münster, 2008.

Da Riva, R., *The Twin Inscriptions of Nebuchadnezzar at Brisa(Wadi esh-Sharbin, Lebanon): a Historical and Philological Study*, Archiv für Orientforschung Beiheft 32, Horn, 2012.

Da Riva, R., *The Inscriptions of Nabopolassar, Amēl-Marduk and Neriglissar*, Studies in Ancient Near Eastern Records 3, Boston / Berlin, 2013.

Da Riva, R., "Nebuchadnezzar II's Prism(EŞ 7834): A New Edition," *Zeitschrift für Assyriologie* 103(2013), pp. 196-229.

Dalley, S., *The Mystery of the Hanging Garden of Babylon*, Oxford, 2013.

Finkel, I. L., "The Lament of Nabû-šuma-ukîn," in: J. Renger(ed.), *Babylon: focus mesopotamischer Geschichte, Wiege früher Gelehrsamkeit, Mythos in der Moderne, 24.-26. März, 1998 in Berlin*, Colloquien der Deutschen Orient-Gesellschaft 2, Berlin, 1999, pp. 323-342.

Finkel, I. L. and M. J. Seymour(eds.), *Babylon*, Oxford, 2008.

George, A. R., *Babylonian Topographical Texts*, Orientalia Lovaniensia Analecta 40, Leuven, 1992.

George, A. R., "Bond of the Lands: Babylon, the Cosmic Capital," in G. Wilhelm (ed.), *Die Orientalische Stadt*, Colloquien der Deutschen Orient-Gesellschaft 1,

Saarbrücken, 1997, pp. 125–145.

George, A. R. et al. (eds.), *Cuneiform Royal Inscriptions and Related Texts in the Schøyen Collection*, Cornell University Studies in Assyriology and Sumerology 17, Bethesda, MD, 2011.

Hrůša, I., *Ancient Mesopotamian Religion: A Descriptive Introduction*, Münster, 2015.

Jursa, M., *Neo-Babylonian Legal and Administrative Documents: Typology, Contents and Archives*, Guides to the Mesopotamian Textual Record 1, Münster, 2005.

Jursa, M., "Die Söhne Kudurrus und die Herkunft der neubabylonischen Dynastie," *Revue d'Assyriologie* 101 (2007), pp. 125–136.

Jursa, M., *Aspects of the Economic History of Babylonia in the First Millennium BC*, Alter Orient und Altes Testament 377, Münster, 2010.

Jursa, M. and K. Wagensonner, "The Estates of Šamaš on the Hābūr," in M. Kozuh et al. (eds.), *Extraction & Control. Studies in Honor of Matthew Stolper*, Chicago, 2014, pp. 109–130.

Marzahn, J. et al. (eds.), *Babylon: Myhos*, München, 2008.

Marzahn, J. et al. (eds.), *Babylon: Wahrheit*, München, 2008.

Pearce, L. E. and C. Wunsch, *Documents of Judean Exiles and West Semites in Babylonia in the Collection of David Sofer*, Cornell University Studies in Assyriology and Sumerology 28, Bethesda, MD, 2014.

Pedersen, O., *Archives und Bibliotheken in Babylon. Die Tontafeln der Grabung Robert Koldeweys 1899–1917*, Berlin, 2005.

Pedersen, O., "Foreign Professionals in Babylon: Evidence from the Archives in the Palace of Nebuchadnezzar II," in: W. H. van Sold et al. (eds.), *Ethnicity in Ancient Mesopotamia*, Leiden, 2005, pp. 267–272.

Sack, R. H., *Images of Nebuchadnezzar: The Emergence of a Legend*, London, 2004.

Streck, M. P., "Nebukadnezar II. A. Historische. König von Babylon (604–562)," *Reallexikon der Assyriologie* 9, Berlin / New York, 1998–2001, pp. 194–201.

Unger, E., *Babylon. Die heilige Stadt nach der Beschreibung der Babylonier*. Berlin and Leipzig, 1931.

Vanderhooft, D. S., *The Neo-Babylonian Empire and Babylon in the Latter Prophets*, Harvard Semitic Museum Monographs 59, Atlanta, GA, 1999.

Waerzeggers, C., *The Ezida Temple of Borsippa: Priesthood, Cult, Archives*, Achaemenid History XV, Leiden, 2010.

Waerzeggers, C., "Locating Contact in the Babylonian Exile: some Reflections on Tracing Judean-Babylonian Encounters in Cuneiform Texts," in: U. Gabbay and S. Secunda (eds.), *Encounters by the Rivers of Babylon*, Tübingen, 2014, pp. 131–146.

Wiseman, D. J., *Nebuchadrezzar and Babylon. The Schweich Lectures 1983*, Oxford, 1985.

Zadok, R., "Judeans in Babylonia–Updating the Dossier," in: U. Gabbay and S. Secunda (eds.), *Encounters by the Rivers of Babylon*, Tübingen, 2014, pp. 109–129.

図版出典一覧

Ahituv, S., *Echoes from the Past: Hebrew and Cognate Inscriptions from the Biblical Period*, Jerusalem, 2008. *48*

Da Riva, R., *The Twin Inscriptions of Nebuchadnezzar at Brisa*(*Wadi esh-Sharbin, Lebanon*)*: a Historical and Philological Study*, Archiv für Orientforschung Beiheft 32, Horn, 2012. *50*

Finkel, I. L. and M. J. Seymour(eds.), *Babylon*, Oxford, 2008. 扉, *6, 8, 66*右, *87, 95*

Marzahn, J. et al. (eds.), *Babylon: Wahrheit*, München, 2008. *42, 66*左, *71, 78, 79*下, *80, 92*

Staatliche Museen zu Berlin(ed.), *Das vorderasiatische Museum*, Mainz am Rhein, 1992. カバー裏

Unger, E., *Babylon. Die heilige Stadt nach der Beschreibung der Babylonier*. Berlin and Leipzig, 1931. *55*

ユニフォトプレス提供(©The Schøyen Collection/ Fine Art Images) カバー表, *35*

著者提供 *77*

山田重郎(やまだ　しげお)
1959年生まれ
筑波大学大学院歴史・人類学研究科(西洋史専攻)単位取得退学
エルサレム・ヘブル大学大学院古代中近東研究科(アッシリア学)修了(Ph.D.)
専攻，アッシリア学(楔形文字文書研究)
現在，筑波大学人文社会系教授

主要著書

『歴史学の現在　古代オリエント』(共著，山川出版社，2000)
The Construction of Assyrian Empire: A Historical Study of the Inscriptions of Shalmaneser III (859-824 BC) Relating to His Campaigns to the West (Brill 2000)
The Royal Inscriptions of Tiglath-pileser III (744-727 BC) and Shalmaneser V (726-722 BC), Kings of Assyria(共著，Eisenbrauns 2011)
Cultures and Societies in the Middle Euphrates and Habur Areas in the Second Millennium BC-I: Scribal Education and Scribal Traditions(共編著，Harrassowitz 2016)

世界史リブレット人❸
ネブカドネザル2世
バビロンの再建者(さいけんしゃ)

2017年1月30日　1版1刷発行
2024年3月31日　1版2刷発行

著者：山田重郎(やまだしげお)
発行者：野澤武史
装幀者：菊地信義
発行所：株式会社 山川出版社
〒101-0047　東京都千代田区内神田1-13-13
電話　03-3293-8131(営業)　8134(編集)
https://www.yamakawa.co.jp/
印刷所：株式会社 明祥
製本所：株式会社 ブロケード
 ISBN978-4-634-35003-8